国学教养教育丛书　立体化教材

中华传统礼仪

主　编　贺璋瑢　王海云
副主编　蒋明智　李　华

中国人民大学出版社
·北京·

序

本世纪以来，人们开始倡导“素质教育”。但是，“素质教育”也可以被理解为知识性的，如果是“知识教育”，那么近代至今并不缺少，何须重提呢?

因此，倒不如以“教养教育”取代“素质教育”，更能应合现代社会的急迫需要。

现代社会面对的主要问题，毫无疑问是过度张狂的利欲追求问题。这种过度张狂的、毫不掩饰的利欲追求，其思想渊源可以追溯到西方近代，像霍布斯、洛克等一批人物的理论。西方近代的这些思想家们，以“自然状态”为口号，把人从神的禁制下解放出来，以“每个个人”为口实，把个人从等级统治中解救出来；由之，在“自然状态”下的“每个个人”的共同性，便得以而且亦只可以归结为“好利恶害”“趋乐避苦”等一些功利性的追求。如果说近代思想家们在与中世纪被视为“黑暗时代”的抗争自有其进步意义，那么，在它以个人利欲追求为中心打开的俗世化路向越往现代走来，便越显得肆无忌惮与不择手段。每个个人再也无所畏惧，个人与他人、个人与社会、种族与种族、国家与国家，为获取最大利益而不得不处于无休止的对抗中。人类为自身的利益毫无节制地掠夺自然，同时也使人与自然的关系陷于愈益紧张的状态。

难道这就是“人”，这就是人类的“理想”? 人就只能生存于永无终了的利欲争夺，备受由争夺带来的喜怒哀乐的折磨么? 庄子在其所作的《齐物论》中曾经叹息：“一受其成形，不亡以待尽。与物相刃相靡，其行尽如驰而莫之能止，不亦悲乎!”难道这是人愿意选择的生存处境吗?

面对现代社会人类生存的这种困境，若要从中“走出”，毫无疑问需要重新回到“人是什么?”“如何才能成为人?”这样一些基本问题。这正是“教养教育”回应的问题。“教养教育”的宗旨，就在于要把人塑造成有超越功利的价值理想、对人类与自然世界有责任担当、有精神气质与心性涵养的一类人。

而在“教养教育”的实施方面，中国古典文化能够提供极其丰富的思想资源。中国上古社会，殷商时期还是以自然血统为纽带建构起来的。入周以后，开启了“人文化成”的大格局。这一转变，恰恰体现了人“由自然向社会生成”的转变。人作为社会人必须被“文化”。由是需要有“教养教育”。“教养教育”通过各级学校实施。教育的内容，依《礼记·王制》所述：“乐正崇四术，立四教，顺先王《诗》《书》《礼》《乐》以造士。春秋教以《礼》《乐》，冬夏教以《诗》《书》。”所教以《诗》《书》《礼》《乐》为科目，这便是“教养教育”。

由“教养教育”开创的时代，日本学者本田成之曾美称：

> 此时学问与艺术完全融合，所谓艺术的教育的时代，是把人世的本身艺术化了的周朝的“郁郁乎文哉”的时代的想象。……这样，较人间的杀伐性，使四海悉至于礼乐的生活，则是所谓“比屋可封”的理想的社会里，尤其是重音乐的大司乐时代，是周代文化达于最高调之时。①

由“教养教育”所造之“士”，则极为国学大师钱穆所赞赏：

> 大体言之，当时的贵族，对古代相传的宗教均已抱有一种开明而合理的见解。因此他们对于人生，亦有一个清晰而稳健的看法。
>
> 当时的国家间，虽则不断以兵戎相见，而大体上一般趋势，则均重和平，守信义。
>
> 外交上的文雅风流，更是表现出当时一般贵族文化上的修养。即在战争中，犹能不失他们重人道、讲礼貌、守信让之素养，而有时则成为一种当时独有的幽默。道义礼信，在当时的地位，显见超出于富强攻取之上。《左传》对于当时各国的国内政治，虽记载较少，而各国贵族阶级之私生活之记载，则流传甚富。
>
> 他们理解之渊博，人格之完备，嘉言懿行，可资后代敬慕者，到处可见。
>
> 春秋时代，实可说是中国古代贵族文化已发展到一种极优美、极高尚、极细腻雅致的时代。②

春秋之后，中国古典社会也不时为功利与权力的争夺所困迫，以《诗》《书》《礼》《乐》为主导的“教养教育”也间或有所中断。然而每一个新政权建立，都必当以恢复“教养教育”为重要使命。中国古典社会得以“礼乐文明”著称，毫无疑问即由“教养教育”所营造。

当然，社会的现代走向，自有社会发展自身的内在逻辑，社会结构如何才来得更

---

① ［日］本田成之著：《中国经学史》，孙俍工译，45页，上海，上海书店出版社，2001。

② 钱穆：《国史大纲》上册，71页，北京，商务印书馆，1994。

“公平”，也自有社会演变自身的某种脉络。“教养教育”面对社会的这种“现代性”，无疑需要有所调适。但是，人之为人，要讲求精神教养，讲求风流典雅，对他人、社群、自然要承担责任，这是任何时代都不可或缺的。当今社会既然演变得越来越“俗”，人越来越被工具化与功利化，这种需要就越来越显得紧迫。

正是出自“教养教育”的这种紧迫需要，广州城市职业学院成立了国学院，致力于培养有人文涵养、有精神追求、又有一技之长的高素质人才，以期古典优秀文明得以持守和传播，学生既能立人，也能立业。国学院院长宋婕教授组织力量，编撰这套涉及中国古典思想、古典艺术的理论与实践的丛书，为开展“教养教育”的提供丰富资源，其努力更加可贵。

因之，我特撰本文衷心祝贺这一套丛书的出版，并期盼广大读者从中获得良好教益！

中山大学哲学系

冯达文

2015 年 11 月 23 日

前　言

礼仪是人类社会为了维系社会的正常生活秩序所需要共同遵循的一种行为规范。它既表现为外在的行为方式——礼貌、仪节，又表现为深层次的精神内涵——道德修养。

几乎每一个人都希望自己能生活在一个秩序井然的社会环境之中，也希望所遇见的人都彬彬有礼，希望自己在任何地方和任何时候都受到尊重。也就是说，人们都重视礼仪，希望自己生活在一个注重礼仪的社会。

在礼仪领域里，我们所遇到的另一个问题是如何正确对待传统的问题。中国自古就有“礼仪之邦”的美称。就礼仪制度与风俗的历史悠久、内容丰富和影响深远而言，我们甚至可以把中国的传统文化称为礼仪文化。礼仪原本是民众的风俗习惯，进入阶级社会后，统治者出于治理的需要，将其中一部分风俗习惯固定化、程式化、复杂化、神秘化，上升为礼制。在我国历史上，由于儒家的一再倡导，礼制反过来又对底层民众的生活方式和风俗习惯产生了很大的影响，礼制下沉，就成为通常所说的礼俗。儒家主张“以礼治国”，儒家所提倡的“礼”，内容十分宽泛，几乎无所不包，其中有不少合理的成分，诸如律己修身、仁爱孝悌、敬老爱幼、尊师重教、诚信修睦、精忠报国、天下为公、以义制利、自强不息等内容，这些无疑是中华传统文化的精华。它以美好的道德品质为核心，提升为一定的价值取向，并对人们的行为方式做出必要的规范和约束。它体现着中华民族的优秀品质，并且成为中华民族赖以生存和发展的凝聚剂和内聚力，对中国社会的发展起着积极的推动作用。

进入现代社会以后，中国传统礼仪教育无疑受到了很大冲击，传统礼仪教育对人们礼仪修养的影响正在减弱或削弱。人们对中国传统礼仪教育或存而不论，或敬而远之，特别是现代的教育强调知识，强调技能，强调能力，却很少告诉学生做人的标准是什么，与人交往的原则是什么。而这种强调个人能力、忽视素质培养的教育方式，也必然导致学生对传统礼仪教育的忽视，这种忽视所带来的后果就是人们越来越不知道如何做自己，不懂得如何与别人相处，更多的时候是只忙于寻找方法提高自己的个人能力，却不知道和他人相处时所应具有的礼仪以及如何通过礼仪体现出对他人的尊重。

南怀瑾先生对中国传统文化曾做如是说：一个国家、一个民族，重在对文化的传承……最可怕的是一个国家和民族自己的文化亡掉了，这就会沦为万劫不复，永远不会翻身。因此，我们应充分吸收我国传统文化礼仪教育中的精华部分，增强其对当今社会人们的积极影响，传承民族精神，加强自身素质教育，塑造优秀礼仪行为。

受广州城市职业学院国学院的委托编写的这本教材是在王海云老师的主要协助下完成的。同时，中山大学的蒋明智老师、广州城市职业学院的李华老师也在教材的编写过程中付出了大量的心血，对他们表示诚挚的感谢！本教材还借鉴了众多前人的资料和研究成果，为美化版面需要，也选用了不少网络图片，在此对原作者表示由衷的谢意！

编者

目 录

第一章　礼仪的起源与发展

○ **知识目标：**

了解礼仪概念的由来及基本内涵。

○ **能力目标：**

能了解中国礼仪的发展历史。

能理解礼仪在今天社会的内涵。

要了解中国传统文化，就必须了解中国礼仪文化。古代中国在农业文明的土壤上孕育了“天人合一”的哲学思维，催生出了“君子风范”的礼仪文化，二者共同展示了礼仪之邦的深刻内涵。

中国关于礼仪的典故很多，体现出中华民族素来是一个温文尔雅、落落大方、谦恭礼让的文明之邦。礼仪作为中国传统文化的一个重要组成部分，几乎渗透于古代社会的各个方面。

第一节　礼仪的定义、对象和范围

一、礼仪的定义

何谓“礼”？何谓“仪”？中国古代的“礼”和“仪”，实际是两个不同的概念：“礼”是制度、规则和一种社会意识；“仪”是“礼”的具体表现形式，它是依据“礼”的规定和内容形成的一套系统而完整的程序。所谓“礼仪”，是指人们根据各民族文化风俗而建立起来的一整套进行社会交往的行为规范与准则，具体表现为礼貌、礼节、仪表、仪式等。它是人类文明的产物，是一种宝贵的文化积累和精神财富。

二、礼仪的研究对象和范围

礼仪是一门专门研究人的交际行为规范的科学，诸如礼貌、仪表、仪式、礼俗等，都属于其研究对象。

礼貌是指人们在社会交往过程中良好的言谈和行为。它主要包括口头语言的礼貌、书面语言的礼貌、态度和行为举止的礼貌。礼貌是人的道德品质修养的最简单、最直接的体现。

仪表是指人的外表，包括容貌、姿态、风度、服饰等。仪表虽然属于美的外在因素，但也反映了一个人的精神状态。端庄的仪表既是对他人的一种尊重，也是自尊、自重、自爱的一种表现。

仪式是指在较大场合举行的、具有专门规定的程序化的行为规范活动。它是礼仪的具体表现形式，体现出对某人或某事的重视或纪念等。常见的仪式包括成人仪式、结婚仪式、安葬仪式、凭吊仪式、告别仪式、开业或开幕仪式、闭幕仪式、欢迎仪式、升旗仪式、入场仪式、签字仪式、剪彩仪式、揭匾挂牌仪式、颁奖授勋仪式、宣誓就职仪式、交接仪式、奠基仪式、洗礼仪式、捐赠仪式等。

礼俗即民俗礼仪，是在一定的环境中经常重复出现的行为方式。它指的是各种风俗习惯，是礼仪的一种特殊形式。不同国家、不同民族、不同地区在长期的社会实践中形成了各具特色的风俗习惯，也就有了各种不同的礼俗。我们常说的“十里不同风，百里不同俗”，指的就是这种情况。

第二节　礼仪的起源和发展

有一种观点认为，礼仪起源于祭祀。东汉许慎的《说文解字》对“礼”字的解释是这样的：“履也，所以事神致福也。从示，从豊，豊亦声。”意思是：实践约定的事情，用来给神灵看，以求得赐福。“礼”字是会意字，“示”指神从中可以分析出。“礼”字与古代祭祀神灵的仪式有关。古时的祭祀活动不是随意地进行的，它是严格地按照一定的程序、一定的方式进行的。郭沫若在《十批判书》中指出：“大概礼之起，起于祀神，其后扩展而为人，更其后而为吉、凶、军、宾、嘉等多种礼制。”这里讲到了礼仪的起源，以及礼仪的发展过程。

还有一种观点认为，礼仪起源于风俗习惯。人是不能离开社会和群体的，人与人在长期的交往活动中，渐渐地产生了一些约定俗成的习惯，久而久之，这些习惯成为了人与人交际的规范，当这些交往习惯以文字的形式被记录并同时被人们自觉地遵守后，就逐渐成为人们交际交往固定的礼仪。遵守礼仪，不仅使人们的社会交往活动变得有序，变得有章可循，同时也能使人与人在交往中更具有亲和力。1922 年《西方礼仪集萃》一书问世，开篇中这样写道："表面上礼仪有无数的清规戒律，但其根本目的在于使世界成为一个充满生活乐趣的地方，使人变得平易近人。"

还有一种观点认为，礼仪是为表达自身感情而存在的，在没有礼仪存在的时候，人们祭祀天地根本无法表达心中的敬畏，后来就出现了礼仪，如同语言一般，因为需要才产生的。后来拓展出晚辈向长辈行礼来表达自己的敬意，渐渐地礼又有了礼节的含义。

从礼仪的起源可以看出，礼仪是在人们的社会活动中，为了维护一种稳定的秩序，为了保持一种交际的和谐而应运产生的。一直到今天，礼仪依然体现着这种本质特点与独特的功能。

礼仪的发展大致经历了四个发展阶段：萌芽时期、形成时期、发展时期和强化时期。

一、礼仪的萌芽时期

从我国的考古资料来看，在辽宁喀左的东北红山文化遗址中先后发现了公元前 4000 年—公元前 3000 年的"女神庙"、积石冢和玉猪龙，发现了举行大规模祭祀活动的场所，其中的裸体怀孕妇女陶塑像可能是先民膜拜的生育女神。更早的仰韶文化彩陶上的人面虫身像、墓葬中死者头颅西向而卧，均透露出远古时代礼仪制度的信息。这种崇拜的仪式便是最早礼仪的萌芽。著名考古学家苏秉琦教授发表了《文明发端，玉龙故乡》等文章，称红山文化为中华文明、中华古国的"序曲"与"曙光"，并且画龙点睛式地指出了红山文化对中华文明起源的独特意义。这一阶段大致相当于传说中的"三皇五帝"时期。

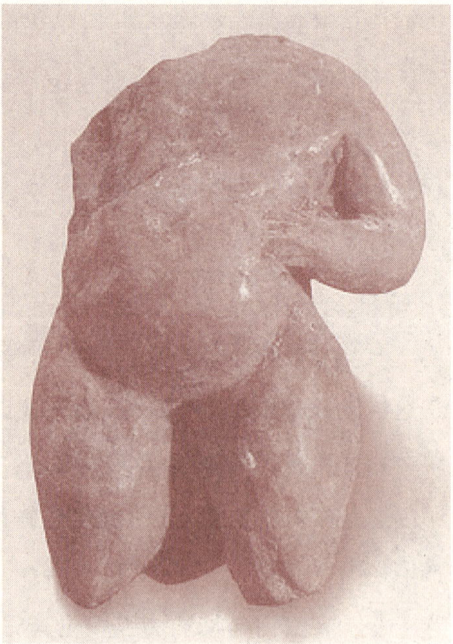

裸体怀孕妇女陶塑像

人面虫身像

二、礼仪的形成时期

随着私有制、阶级和国家的出现，礼逐渐成了统治阶级的统治工具。古代礼仪的范围非常广泛，包括政治体制、朝廷法典、天地鬼神祭祀、水旱灾害祈祷、衣食住行、婚丧嫁娶和个人的言行举止等。

到了西周时期便形成了一整套系统的礼学专著。“三礼”即《周礼》《仪礼》《礼记》，这是我国最早的“礼仪学”专著。其中保存了许多周代的礼仪，在汉以后的两千多年中，它们一直是国家制定礼仪制度的经典著作，被称为“礼经”。如《荀子·大略》中所言“言语之美，穆穆皇皇”，即是说“语言之美在于谦恭、和气、文雅”；《礼记·表记》中还特别规定了人际交往应“不失足于人，不失色于人，不失口于人”，这在我国“礼”的教育中一直受到重视。

西周时期还形成了一整套的礼制。著名的“五礼”包括吉礼、嘉礼、宾礼、军礼、凶礼，涉及社会生活各方面的具体礼仪规范和行为准则。如吉礼乃五礼之冠，主要是指对天神、地祇、人鬼的祭祀典礼，历代礼书以“吉礼”最繁。“嘉礼”是和合人际关系、沟通联络感情的礼仪，其主要内容有饮食之礼、婚冠之礼、宾射之礼、飨燕之礼和贺庆之礼等。

周礼使三代以来的传统之礼得到了极大程度的理论提升，为中华民族成为“礼仪之邦”奠定了坚实的基础。

三、礼仪的发展时期

春秋战国时期是我国从奴隶社会向封建社会转型的时期。在此期间，相继涌现出孔子、孟子、荀子等思想巨人，发展和革新了以往的礼仪理论。

1. 孔子（公元前551年—公元前479年）

孔子（“子”为尊敬的称呼）名丘，字仲尼。孔子是儒家学派的创始者，我国历史上最著名的思想家、教育家，中华民族文化传统的奠基者之一，也是具有深远影响的世界级文化名人。由他的学生记录整理的《论语》是研究孔子思想的主要材料。

孔子像

孔子出生并主要生活在以周朝礼仪制度保存得比较完整的鲁国，可当时正值春秋末期，诸侯纷争、礼崩乐坏、天下无道，出现了严重的道德危机。孔子对此忧心忡忡，曰：“德之不修，学之不讲，闻义不能徙，不善不能改，是吾忧也。”（《论语·述而》）他一生学习周礼，传播周礼，且以恢复周礼作为自己的志向，并极力主张进行道德教育和伦理建设，克己复礼，实现和谐的社会生活。

“仁”是孔子思想的核心，《论语》中“仁”字涉及58章，共计出现109处，集中体现了孔子如何做人的思想。“仁”的基本含义有两个：其第一层含义是爱人。孔子的弟子樊迟问孔子什么是仁，孔子回答说：“爱人”。《说文》有个解释：“仁，亲也，从二人”，甚合孔子思想。仁，就是人与人的关系，要友善相亲，相互帮助。孔子说：“今之孝者，是谓能养。至于犬马，皆能有养。不敬，何以别乎？”（《论语·为政》）在其看来，对父母长辈是否有敬爱之情是人与犬马等动物的一个根本区别。这种亲亲之情还应向外推开，孔子称：“弟子入则孝，出则悌，谨而信，泛爱众，而亲仁。（《论语·学而》）由此可见，一个人在家里做到孝与悌，对别人也会给予爱与仁，从爱父母兄弟到爱天下大众，仁爱由此获得了普遍意义。

“仁”的第二层含义是克己复礼。在回答弟子颜渊什么是“仁”的问题时，孔子说："克己复礼为仁"（《论语·颜渊》）"克己"是自觉地约束自己。"复礼"是一切言行要纳于礼。这里强调的是人的道德自律和自觉。人们通过克制自己，达到自觉守礼的境界，达到"非礼勿视，非礼勿听，非礼勿言，非礼勿动"。（《论语·颜渊》）视、听、言、动都合于礼，这也就是仁的境界。显然，在孔子看来，克己和复礼是不可分割的，既要严格修身，又要以道德规范和伦理原则正确地处理与他人的关系。人之为仁，既要在现实生活中反复自省修身，又要在与人交往的过程中自觉地恪守伦理原则，严格地以道德原则克制自己的欲望和行为，时时处处衡量自己的言行。

孔子在礼的践行方面注重言传身教，他的弟子称赞其"夫子温、良、恭、俭、让"（《论语·学而》）地待人处事。礼也是孔子教学生的六门功课（"六艺"，即礼、乐、射、御、书、数）之一。孔子教儿子学礼的故事，见于《论语·季氏》，历来传为美谈。据说有一次，孔子独自站在庭院中，儿子孔鲤迈着小步恭敬地走过时，被孔子叫住了，问孔鲤学过《诗经》没有，孔鲤回答说没有。孔子就教育他的儿子说，不学习《诗经》是无法同人交谈的（"不学诗，无以言"）。于是，孔鲤就退回去认真地学习《诗经》。隔了一段时间，孔鲤从庭院里经过时又被孔子叫住了，问他学习《礼记》了没有，孔鲤说还没有。孔子又教育他说，不学习礼是难以立身做人的（"不学礼，无以立"）。孔子教子学诗学礼的这个故事后来被称为"诗礼传家"。明朝弘治年间，朝廷在孔子故宅内建诗礼堂纪念孔子，清康熙、乾隆皇帝还亲自题写了"则古称先"的匾额和"绍绪仰斯文识大识小""趋庭传至教学礼学诗"的对联，刻制后悬挂在堂内。

2. 孟子（约公元前 372 年—公元前 289 年）

孟子，名轲，字子舆，是战国中期儒家的主要代表人物，他自觉以学习和传播孔子创建的儒学为己任，确证了人的"本性"的道德性，明确主张"性善论"。孟子的性善论的重要根据就是"四端说"。"四端"是指："恻隐之心，仁之端也；羞恶之心，义之端也；辞让之心，礼之端也；是非之心，智之端也。"（《孟子·公孙丑上》）孟子认为恻隐、羞恶、辞让、是非四种情感是仁义礼智的萌芽，仁义礼智即来自这四种情感，故称四端。

孟子像

孟子非常重视礼学，他说："非礼之礼，非义之义，大人弗为。"（《孟子·离娄下》）还说：

“人不可以无耻，无耻之耻，无耻矣。”（《孟子·尽心上》）他还将人伦关系概括为五种，即父子、君臣、夫妇、长幼与朋友，这五种人伦关系均遵循一定的原则，即父子有亲、君臣有义、夫妇有别、长幼有序、朋友有信。由此可见，孟子发展了孔子的礼学思想。

3. 荀子（约公元前313年—公元前238年）

荀子像

荀子名况，字卿，是战国末期的大思想家。荀子提出了“性恶论”，主张人性有“性”和“伪”两部分，性（本性）是恶的动物本能，伪（人为）是善的礼乐教化，从而否认天赋的道德观念，强调后天环境和教育对人的影响。

荀子深入地探讨了礼的起源：“礼起于何也？”曰：“人生而有欲，欲而不得，则不能无求；求而无度量分界，则不能不争；争则乱，乱则穷。先王恶其乱也，故制礼义以分之，以养人之欲，给人之求，使欲必不穷乎物，物必不屈于欲，两者相持而长，是礼之所起也。”（《荀子·礼论》）荀子认为，礼是人与自然对立的产物，它产生于人类的生存需要；人生不能无欲，而欲望的满足往往受物质条件的制约；为了不使满足欲望的追求损害人类的根本利益，先王制定礼义，既适当满足人的欲望，又把它限制在一定的范围内。可见，在荀子这里，礼是“人之为人”的根本，是人脱离、超越自然状态的标志，同时，礼也是自然秩序的体现。

荀子还认为礼之本源有三，即“礼有三本：天地者，生之本也；先祖者，类之本也；君师者，治之本也。无天地恶生？无先祖恶出？无君师恶治？三者偏亡焉，无安人。故礼上事天，下事地，尊先祖而隆君师，是礼之三本也。”（《荀子·礼论》）此处的三本即天地、先祖与君师。天地指人类的生存环境，人类依天地而生存绵延，故人应尊奉天地；先祖指人的血缘系统，祖先乃血缘之始，有血缘才有人类绵延，故人应尊奉祖先；君师为政治教化之本源，社会的安宁，人民的安居乐业，要靠君师的教育感化，故人应尊奉君师。

荀子还主张“隆礼”“重法”。不过，他认为礼义先于法度而产生，“故圣人化性而起伪，伪起而生礼义，礼义生而制法度。”（《荀子・性恶》）荀子强调礼法并重，他说：“礼者，贵贱有等，长幼有差，贫富轻重皆有称者也。”（《荀子・富国》）“礼之于正国家也，如权衡之于轻重也，如绳墨之于曲直也。故人无礼不生，事无礼不成，国家无礼不宁。”（《荀子・大略》）“礼义之谓治，非礼义之谓乱也。”（《荀子・不苟》）由此可见，到了荀子时代，儒家的礼学思想得以系统化，且达到了先秦时期的最高峰。

四、礼仪的强化时期

公元前 221 年，秦王嬴政建立了中国历史上第一个中央集权的封建王朝，秦始皇在全国推行“书同文”“车同轨”“行同伦”。秦朝制定的集权制度，成为后来延续两千余年的封建体制的基础。

西汉思想家董仲舒（公元前 179 年—公元前 104 年）把封建专制制度的理论系统化，提出了“唯天子受命于天，天下受命于天子”的“天人感应”之说。（《汉书・董仲舒传》）他把儒家礼仪具体概况为“三纲五常”。汉武帝采纳董仲舒“罢黜百家，独尊儒术”的建议，使儒家礼教成为定制。“三纲”即“君为臣纲，父为子纲，夫为妻纲”。“五常”即“仁、义、礼、智、信”。到了明代，交友之礼更加完善。忠、孝、节、义等名目日趋繁多。满族入关后，逐渐接受了汉族的礼制，并使其复杂化。

第三节 礼仪文化在今天的作用和意义

中国古代礼仪的思想内容是极其丰富的，它不仅是交友之道、修身之本，而且也是为政之道、立国之本。中国素以“礼仪之邦”著称，礼仪文化在我国的传统文化中占了很重要的一部分。

对一个人来说，礼仪无疑是一个人的思想道德水平、文化修养、交际能力的外在表现；对一个国家或一个民族而言，礼仪是其社会风貌、道德水准、文明程度、文化特色和公民素质的重要标志。我国在大力倡导构建和谐社会的今天，离不开礼仪文化的教育，开展礼仪教育已成为道德实践的一个重要内容。批判地继承和弘扬古代礼仪思想，汲取传统礼仪中合理的、有益的因素，并且与时俱进地赋予其新的内涵，对提高国民的礼仪修养，努力塑造讲求文明礼仪的社会风气，形成人人都讲究文明礼仪、谦逊有礼、祥和融洽的美好社会，具有重要的作用与意义。一个具有良好秩序及人际关系和谐的社会，一定是一个其成员具有良好礼仪修养的社会。

典型案例

案例一

有一批应届毕业生22个人，实习时被导师带到北京的国家某部委实验室里参观。全体学生坐在会议室里等待部长的到来，这时有秘书给大家倒水，同学们表情木然地看着她忙活，其中一个还问了句："有绿茶吗？天太热了。"秘书回答说："抱歉，刚刚用完了。"林然看着有点别扭，心里嘀咕："人家给你水还挑三拣四。"轮到他时，他轻声说："谢谢，大热天的，辛苦了。"秘书抬头看了他一眼，满含着惊奇，虽然这是很普通的客气话，却是她今天听到的唯一一句客气话。

门开了，部长走进来和大家打招呼，不知怎么回事，静悄悄的，没有一个人回应。林然左右看了看，犹犹豫豫地鼓了几下掌，同学们这才稀稀落落地跟着拍手，由于不整齐，掌声越发显得零乱起来。部长挥了挥手，说："欢迎同学们到这里来参观。平时一般都是由办公室负责接待的，因为我和你们的导师是老同学，非常要好，所以这次我亲自来给大家讲一些有关情况。我看同学们好像都没有带笔记本，这样吧，王秘书，请你去拿一些我们部里印的纪念手册，送给同学们作纪念。"接下来，更尴尬的事情发生了，大家都坐在那里，很随意地用一只手接过部长双手递过来的手册。部长的脸色越来越难看，来到林然面前时，已经快要没有耐心了。就在这时，林然礼貌地站起来，身体微倾，双手握住手册，恭敬地说了一声："谢谢您！"部长闻听此言，不觉眼前一亮，伸手拍了拍林然的肩膀，问道："你叫什么名字？"林然照实作答，部长微笑点头，回到自己的座位上。早已汗颜的导师看到此景，才微微松了一口气。

两个月后，同学们各奔东西，林然的去向栏里赫然写着国家某部委实验室。有几位颇感不满的同学找到导师："林然的学习成绩最多算是中等，凭什么推荐他而没有推荐我们？"导师看了看这几张尚属稚嫩的脸，笑道："是人家点名来要他的。其实你们的机会是完全一样的，你们的成绩甚至比林然还要好，但是除了学习之外，你们需要学的东西太多了，修养是第一课。"

案例二

某货运公司财务刘女士说：

"我们公司的场地构造有点特殊，进门的玄关旁边有一个座位，因为我是财务人员，不用和他们项目组的同事坐在一起，所以玄关旁边的位子就是我的座位。我们公司前几个月新来了一个大学毕业生，每次进门首先看见我，招呼也不打一声，头也不点一下不说，还直瞪瞪看我一眼就走进去了。我怀疑她可能以为我只是一个前台的阿姨，所以才对我如此不屑一顾。后来过了几天，大概她终于搞清楚我并非是什么接接电话、收收快递的阿姨，而是掌管她每个月工资的'财政大臣'，猛地就开始殷勤了起来，一进门'刘老师'叫得山响。可是，我心里的感受却不一样了，即使她现在对我再怎么尊敬，我对她也产生不出什么好感来。我就很纳闷，一个堂堂的大学生，怎么刚进社会就学会了势利？如果我真的是前台阿姨，是不是她这辈子都不打算跟我打招呼了？"

新人刚进职场，礼貌很关键，人际关系一定要妥善处理，不能以貌取人或者想当然，要记得地位低下的员工同样也是前辈或者长辈。哪怕是打扫卫生的阿姨，如果正好清理到自己的纸篓什么的，不忘记说一声"谢谢"，就会为自己平添几分亲和力和人缘。刚刚毕业的大学生真的是要好好树立自己在公司的第一印象，这可不是闹着玩的。

阅后思考

1. 你认为礼仪在当今社会中有哪些作用？

2. 你如何理解"除了学习之外，修养是第一课"这句话？

经典文本

◎大乐与天地同和，大礼与天地同节……乐者，天地之和也；礼者，天地之序也。和，故百物皆化；序，故群物皆别。乐由天作，礼以地制……明于天地，然后能兴礼乐也……天高地下，万物散殊，而礼制行矣。流而不息，合同而化，而乐兴焉……乐者敦和，率神而从天；礼者别宜，居鬼而从地。故圣人作乐以应天，制礼以配地。礼乐明备，天地官矣。

——《礼记·乐记》

◎礼之大体，体天地，法四时，则阴阳，顺人情，故谓之礼。

——《礼记·丧服四制》

◎礼也者，合于天时，设于地财，顺于鬼神，合于人心，理万物者也。

——《礼记·礼器》

◎礼尚往来。往而不来，非礼也；来而不往，亦非礼也。

——《礼记·曲礼上》

◎君子不失足于人，不失色于人，不失口于人。

——《礼记·表记》

◎凡人之所以贵于禽兽者，以有礼也。

——《晏子春秋·内篇谏上》

◎不学《礼》，无以立。

——《论语·季氏》

◎君子以仁存心，以礼存心；仁者爱人，有礼者敬人。爱人者，人恒爱之，敬人者，人恒敬之。

——《孟子·离娄下》

◎人无礼则不生，事无礼则不成，国家无礼则不宁。

——《荀子·修身》

◎衣食以厚民生，礼义以养其心。

——（元）许衡

◎礼，经国家，定社稷，序民人，利后嗣者也。

——《左传·隐公十一年》

◎礼，天之经也，地之义也，民之行也。

——《左传·昭公二十五年》

◎礼以行义，义以生利，利以平民，政之大节也。

——《左传·成公二年》

◎礼义廉耻，国之四维，四维不张，国乃灭亡。

——《新五代史》卷五十四

经典故事

1. 孔融让梨（谦和礼让）

孔融，字文举，鲁国人，孔子二十世孙也。高祖父尚，钜鹿太守。父宙，泰山都尉。融别传曰：融四岁，与兄食梨，辄引小者，人问其故，答曰：“小儿，法当取小者。”

——（清）余嘉锡《世说新语笺疏》

故事大意：孔融四岁的时候，常常和哥哥一块吃梨。孔融总是拿一个最小的梨。有人问道：“你为什么总是拿小的而不拿大的呢?”孔融说：“我是弟弟，年龄最小，应该吃小的，大的还是让给哥哥吃吧!”孔融小小年纪就懂得兄弟姐妹相互礼让的道理，使全家人都感到惊喜。从此，孔融让梨的故事流传千载，成为团结友爱的典范。

2. 程门立雪（尊师重教）

至是，（杨时、游酢）又见程颐于洛，时盖年四十矣。一日见颐，颐偶瞑坐，时与游酢侍立不去。颐既觉，则门外雪一尺矣。

——《宋史·杨时传》

故事大意：这个故事说的是宋代学者杨时和游酢向程颢、程颐拜师求教的事。杨时、游酢二人原先以程颢为师，程颢去世后，他们都已四十岁，而且已考中了进士，然而他们还要去找程颐继续求学。故事就发生在他们来到嵩阳书院，登门拜见程颐的那一天。

相传，杨时和游酢来到嵩阳书院，正遇上这位老先生闭目养神，坐着假睡。杨、游二人怕打扰先生休息，只好恭恭敬敬，肃然侍立。如此等了好半天，程颐才醒了过来，吃惊道："啊！啊！贤辈尚在此乎？"（你们两个还在这儿没走啊?!）那天正是冬季很冷的一天，不知什么时候，开始下起雪来。门外积雪，已有一尺多深。这个故事在宋代读书人中流传很广，后来人们常用"程门立雪"这个成语表示求学者尊敬师长和求学心诚意坚。

3. 君子死，冠不免（君子风度）

子路为卫大夫孔悝之邑宰。蒉聩乃与孔悝作乱，谋入孔悝家，遂与其徒袭攻出公。出公奔鲁，而蒉聩入立，是为庄公。方孔悝作乱，子路在外，闻之而驰往。遇子羔出卫城门，谓子路曰："出公去矣，而门已闭，子可还矣，毋空受其祸。"子路曰："食其食者不避其难。"子羔卒去。有使者入城，城门开，子路随而入。造蒉聩，蒉聩与孔悝登台。子路曰："君焉用孔悝？请得而杀之。"蒉聩弗听。于是子路欲燔台，蒉聩惧，乃下石乞、壶黡攻子路，击断子路之缨。子路曰："君子死而冠不免。"遂结缨而死。

——《史记》卷六十七

故事大意：子路（公元前542—公元前480），姓仲名由，字子路（又作季路），孔子的著名弟子，"孔门十哲"之一。子路是孔门弟子中最血气方刚、最有性格的一个。子路被卫国权臣孔悝用为邑宰。后来卫国发生政变，子路认为："食其食者不避其难。"于是参与战斗。他的帽缨被击断了。子路说："君子死而冠不免。"于是把缨系好，从容就死。

阅读建议

《礼记》

《仪礼》

《周礼》

柳诒徵：《中国文化史》

彭林：《中国古代礼仪文明》

顾希佳：《礼仪与中国文化》

第二章　人生礼仪

○ 知识目标：

知道古代人生礼仪的内容。

了解人生礼仪的流程。

○ 能力目标：

能理解人生礼仪在人生不同阶段的意义。

能了解人生礼仪的现代转型，理解人生礼仪的现代意义。

第一节　古代的人生礼仪

一、诞辰礼

诞辰礼包括“洗三朝”“满月”“百日”“周岁”等。

1. 洗三朝

洗三朝

洗三朝是婴儿降生三日时最重要的礼俗。其主要仪式是为婴儿洗澡，俗称“洗三”，含有消除污秽、消灾免祸的用意。洗澡水也有讲究，要用桃树根、李树根、梅树根各二两，加水煮沸，由接生婆洗小儿。洗儿时还需要一定的祭祀仪式，口念祝词。比如满族“洗三”时要唱：“先洗头，做王侯；洗洗腰，一辈倒比一辈高……”洗后，还要用姜片和艾蒿来擦孩子的脑门和身上各个关节。据说这一礼俗在唐代时已经盛行。

2. 满月礼

满月礼是婴儿出生一个月后举行的庆贺礼，称为“做满月”。此时必须祭祀神祖，宴请亲友，还要向左邻右舍分送喜面及其他食品。亲友来贺必带礼物。俗语云：“姑姑家的帽子，姨姨家的鞋，外婆家的铺盖搬将来。”众多礼仪中，为婴儿剃“满月头”的仪式严肃而隆重。婴儿的胎发是从娘胎里带来的，不能全剃光，一般要在额顶留一绺“聪明发”，脑后留一绺“撑根发”；剃下来的胎发也要妥善收藏。剃头时，小儿由祖父或亲友中有福分的人抱在怀里。抱小儿者脚下须踩着用红布或红纸包着的葱、芸豆、斧子，取“聪、运、福”之意。待剃发完毕，由小儿父亲将葱、芸豆种入地中，葱、芸豆的生命力极其旺盛，亦寓意小儿可健康成长。

这一天，还要抱着婴儿上街，让他们出门去见见世面，到各处兜一圈，称为“兜喜神圈”。据说这样一兜，孩子长大以后就不会再怕陌生人了。这个仪式似乎象征着小孩终将离开母亲的怀抱，走出家门，闯荡外面的世界。

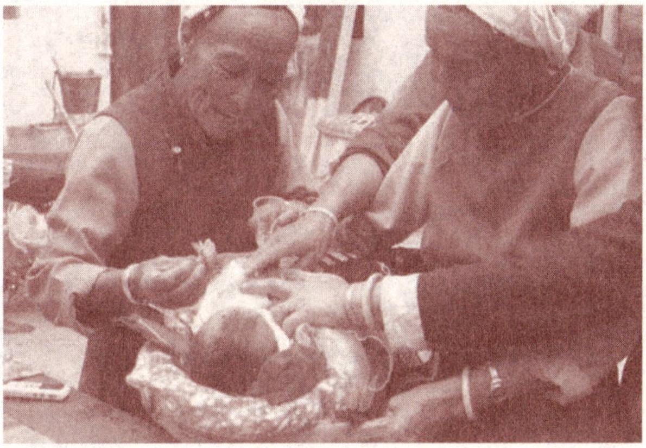

满月礼

3. 百日礼

婴儿出生一百天称“百晬”，也称“百日礼”，含有“圆满、完全”的象征意义。一般在婴儿出生的第九十九天过，由姥姥、姨姨、姑姑等来送礼庆贺，比较亲密的街坊朋友也有来送礼的。所送礼物除食品果蔬外，便是小儿衣饰，其中最有特色的是百家衣和百家锁。百家衣是要从许多人家那里讨来各种颜色的布头，拼凑连缀成一件小孩的衣服，五颜六色，别具风采。一般紫色的布块比较难讨要到，紫音谐“子”，谁也不愿把子送给别人，只好到孤寡老人处去讨。穿百家衣是为了长寿，有的孩子穿到周岁才脱掉。百家锁往往也是收集许多人家的金银（或铜），特地去为孩子打制的，上面一般都铸有“长命百岁”“长命富贵”一类的吉祥语，故又称“长命锁”。百家锁形式多种多样，最简单的是用红线条将铜钱串起来，挂在小孩脖子上，也有用金银打制锁形的薄片，以金银锁链挂在小孩脖子上。

4. 周岁礼

周岁礼是孩子的第一个生日，一般也将其看作诞生礼的结束。主人家要享神祀祖，设筵款待宾客。周岁礼中，有一种别致的仪式，通常称为“抓周”。父母为了预测其将来的志向爱好，则有抓周的礼仪，具体做法为：给孩子沐浴打扮后换上新衣，在其面前放上弓箭、纸笔、食品、珍宝、玩具等，若是女孩，还要加上刀尺、针线，大人不加诱导，看幼儿抓什么东西，以此预测幼儿将来的贪廉愚智和兴趣爱好。这种礼俗大约在南北朝时就已形成，北齐颜之推《颜氏家训·风操》云：“江南风俗，儿生一期，为制新衣，盥浴装饰，男则用弓矢纸笔，女则刀尺针缕，并加饮食之物及珍宝服玩，置之儿前，观其发意所取，以验贪廉愚智，名之为试儿。”

周岁礼

至此，诞生礼仪才告一段落。在传统礼仪中，男尊女卑的观念也是值得注意的。《诗经·小雅·斯干》云：“乃生男子，载寝之床，载衣之裳，载弄之璋。其泣喤喤，朱芾斯皇，室家君王。乃生女子，载寝之地，载衣之裼，载弄之瓦。无非无仪，唯酒食是议，无父母诒罹。”这就传达出当时的氛围，生了男孩，让他睡在床上，给他玩贵重的玉璋；生了女儿，就只让她睡在地上，给她玩玩纺锤，要她依顺别人，将来能干好家务，做一位贤妻良母。人们对待男孩与女孩的态度，真是天壤之别，从此便流传下来“弄璋”“弄瓦”的典故。到后来，这种风气愈演愈烈，妻子生不出男孩，丈夫便可以纳妾，甚至可以作为休妻的理由。生了男孩，便大张旗鼓地宣传，宴请宾客；生了女孩，则闷声不响，在一些地方甚至出现了“溺女婴”的陋俗，屡禁不止。重男轻女的现象在中国目前的诞生礼中仍有出现，可见，男权思想观念是多么的根深蒂固。

在诞生礼和成人礼之间还有一些过渡性的礼仪，在此也进行简单介绍。

5. 命名礼和童蒙礼

孩子出生之后，要为他取个名字。据《礼记·内则》的记载，先秦时为孩子命名是有一定仪式的，时间一般定在孩子出生三个月后的某个吉日，由父亲握着孩子的右手，另一只手托着孩子的下巴，严肃地为孩子取名。取名后，一方面，由女师把孩子的名字遍告族中的妇女，另一方面，由父亲把孩子的名字告诉有关官吏，遍告族中男子并逐级上报，记入文书之中，这就有点像后世的“报户口”了。

在传统社会里，人名也是一个很复杂的礼仪规范。《礼记·檀弓上》云：“幼名，冠字，五十以伯仲，死谥，周道也。”这是说周代的人一般要有四种名字。《左传·桓公二年》记载，晋穆侯的夫人姜氏生了两个儿子，名字取得有些怪，就有人大发议论，认为取这样的名不合礼制，国家要乱了。可见取名字是很慎重的事。一般来说，传统社会里的人都有小名、大名、字这样三种名字，士大夫阶层又往往有号，有的人死后有谥号。

小名，又称乳名。在三朝、满月、百日时都可以命名，要把所取乳名写在红纸上，贴于土地神龛边，上书“命名大吉”“长命富贵”等字样。一般要请长者或有威望的人来取，也有请算命先生来排生辰八字的，认为孩子五行缺什么，就在名字里补进什么。江浙一带则有“上篮称”取乳名的仪式，将婴儿加上一些吉祥物，放入篮中称重，即以斤两为乳名。鲁迅小说中所见的“七斤”“九斤”等人名，就是这样来的。一般乳名寄托了家人的期望，或表示吉祥，祈求孩子顺利长大；也有的特地取个贱名，如狗蛋、狗剩之类，带有符咒意味，认为这样孩子才容易抚育。

大名，又称正名、学名，一般是孩子入学读书时由老师给取的名字。

字，是名的解释和补充，与名互为表里，又称表字。《礼记·曲礼上》云：“男子二十，冠而字”，“女子许嫁，笄而字”，说明周代是在成年礼上才给男女青年取字的。

儿童入学第一天要行童蒙礼，在家时要向祖先祭拜，再向父母跪拜，发誓要好好读书，然后由长辈领着去塾堂，到了塾堂，先向孔子圣位跪拜，再拜见老师。逢年过节，学生家长总不会忘记给老师送礼，以示尊师。进入近现代以来，废除了私塾，改为现代学堂，传统的跪拜礼也随之消失了，不过很多地方仍然把儿童第一次入学看得很重，要为儿童准备新衣、新书包，由家长护送入学。学校的开学典礼也是必不可少的。

二、成人礼

成人礼（也称成丁礼）表示男女青年到了一定年龄，可以婚嫁，并从此作为氏族的一名成年人参加各项活动。成年礼须由氏族长辈依据传统为青年举行一定的仪式，才能获得承认。华夏族的成人礼，为男子冠礼，女子笄礼。

1. 男子的冠礼

冠礼以加冠为主要特征，是古代男子成年的仪式。《礼记·曲礼上》云："男子二十，冠而字。"按照周制，男子20岁行冠礼，为他取一个字。古人交往时，"名"用于自称、卑称，是上对下、长对少的称呼；而"字"则用于尊称。男子冠礼，给他一个字，正是表示他开始受人尊重，表示他社会地位的一大改变。《仪礼》则把《士冠礼》放在首篇，可见冠礼在古代礼仪中的重要地位。

古代冠礼的具体仪节十分烦琐，后世已不再照搬，我们只能按照礼书的记载，作一下简略的勾勒：先要由其父到家庙门外请人卜卦，一是确定吉日，二是确定主持冠礼的人，称为大宾。然后就在吉日举行加冠仪式。仪式一般在家庙中举行。届时被加冠的年轻人身穿童子服，跪坐席上，由跪坐在旁边的司仪替他缩髻，就是把头发梳成成年人的发式，把发髻包起来。大宾手执缁布冠，大声诵读祝词，然后为其戴缁布冠。冠者起立，到东厢房换上与此冠相应的整套衣服、鞋子，再出来，向在场的人致意。这就是初加。

类似的仪式要重复三次，初加之后，还有再加、三加。所不同的是冠以及与冠相对应的服装。初加，戴缁布冠，这是用黑麻布做的帽子。再加，戴皮弁冠，这种冠是用白鹿皮缝制而成的帽子。三加，戴爵弁冠，这种冠是用黑红色细麻布制成的帽子，顶上加一块木板，有点像帝王头上戴的冕。戴不同的冠，就要换穿不同的服装。在仪式上加冠三次，象征着冠者取得了三重身份，分别象征冠者从此获得了成人、服兵役、参加祭祀的资格，前程远大。接下来，冠者要到家庙门口拜见母亲。回家后，再由大宾为其取"字"。加冠之后，主人要隆重设筵，款待宾客，并向宾客赠送礼品。这样冠礼才算真正告一段落。

冠礼

2. 女子的笄礼

笄礼俗称"上头""上头礼"。笄礼是古代女子成年的仪式。《礼记·曲礼上》云："女子许嫁，笄而字。"许嫁是指已经接了男家的纳征礼。《谷梁传·文公十二年》云："女子十五而许嫁。"由此可见，古代女子的笄礼大约在15岁。笄，即簪子。自周代起，规定贵族女子在订婚（许嫁）以后出嫁之前行笄礼。一般在15岁时举行，行礼时改变幼年的发式，将头发绾成一个髻，然后用一块黑布将发髻包住，随即以簪插定发髻。主行笄礼者为女性家长，由约请的女宾为少女加笄，表示女子已成年，可以结婚。

笄礼的具体仪节皆与冠礼相仿，只是主人改由女子的母亲出面，加笄的人也是女宾。

笄礼

3. 中国历代冠礼

周代实行以嫡长子继承制为核心的宗法制度，在位的帝王去世，嫡长子无论年纪长幼，都可以继位。但是，只要继位的新王没有成年，就不能执掌朝纲。可见，对于帝王而言，冠礼具有特殊的意义。不仅如此，一般的士人如果没有行冠礼，也不得担任重要官职。

西汉王朝对于帝王的冠礼非常重视。据《汉书·惠帝本纪》记载，汉惠帝行冠礼时，曾经宣布“赦天下”，这是历史上因帝王行冠礼而大赦天下的开始。其后，又有因太子行冠礼而赐民以爵位的，颇似普天同庆的节日。

为了与臣下的冠礼相区别，汉昭帝的冠礼还专门撰作了冠辞。据《博物记》（《续汉书·礼仪志》注引）所记，其冠辞为：“陛下摛显先帝之光耀，以承皇天之嘉禄，钦奉仲春之吉辰，普尊大道之郊域，秉率百福之休灵，始加昭明之元服，推远冲孺之幼志，蕴积文武之就德，肃勤高祖之清庙，六合之内，靡不蒙德，永永与天无极。”

从唐到宋，“品官冠礼悉仿士礼而增益，至于冠制，则一品至五品，三加一律用冕。六品而下，三加用爵弁”。（《明集礼》）可知唐宋时代曾在品官中实行过冠礼，按照品阶高下，加不同的冠。

宋代的一些士大夫痛感佛教文化对传统礼制的强烈冲击，主张要在全社会推行冠、婚、丧、祭等礼仪，以此弘扬儒家文化传统。司马光在他的《书仪》中制订了冠礼的具体仪式，规定：男子年十二至二十岁，只要父母没有期以上之丧，就可以行冠礼。为了顺应时代变化，司马光将《仪礼》中的士冠礼加以简化，使之易于为大众所掌握。此外，他还根据当时的生活习俗，将传统的“三加之冠”进行了变通：初加巾，次加帽，三加幞头。《朱子家礼》沿用了司马光《书仪》中的主要礼节，但将冠年改为男子年十五至二十，并从学识方面提出了相应的要求。

明洪武元年诏定冠礼，从皇帝、皇太子、皇子、品官，下及庶人，都制订了冠礼的仪文。《明史》中有关皇帝、皇太子、皇子行冠礼的记载很多，说明在皇室成员中依然保持着行冠礼的传统。“然自品官而降，鲜有能行之者，载之礼官，备故事而已。”（《明史·礼志八》）可见在明朝时官员和民间已经很少有人行冠礼了。清朝时，政府颁定的礼仪制度发生了很大变化，虽然还有五礼的名目，但长期作为“嘉礼之重者”的冠礼没有再出现在“嘉礼”的细目之中。

4. 古代冠礼、笄礼的现代转型

在传统冠礼、笄礼消泯很长一段时间后，海峡两岸几乎是同时悄然兴起了举办集体成人仪式风潮。台湾地区自 20 世纪 90 年代起，每年在孔庙大成殿前举办一次古典式成年礼仪。参加成年礼仪的是年满 20 岁的男女青年，男的穿蓝色长袍，女的穿白衣黑裙。在鸣钟鼓、上香、献爵、献馔、读祝文之后，全体向孔子神位行三鞠躬礼。然后，由 12 名代表走到铺红毯的受礼台上，由贵宾们将黑冠戴在男生的头上，女生的长发上则别上一支银色簪子，象征着“加冠”和“及笄”。

在“五四”青年节这一天，在南京的雨花台、上海的陈毅广场、沈阳的九一八广场，还有其他地方，纷纷举行成年礼仪。

成年礼仪是儿童长大成人的标志，通过这一仪式，社会对受礼者开始予以承认，又予以管理和约束，更为重要的是，通过成年礼仪，培养受礼者的社会责任心和义务感，其重要意义是不可抹杀的。

三、婚礼

1. 婚姻的概念

在古籍中，有关“婚姻”的词义学解释约略有三：一是指夫妻的称谓。《礼记·经解》郑玄注：“婿曰婚，妻曰姻。”二是指嫁娶的仪式。《诗经·郑风》孔颖达疏：“男以昏时迎女，女因男而来……故云‘婚姻之道，谓嫁娶之礼’也。”三是指亲家。《尔雅·释亲》云：“婿之父为姻，妇之父为婚。”上述三说虽略有差异，但已涉及婚姻的基本特点：第一，表明婚姻是一种社会关系，它是婚姻双方结为姻亲关系的标志。第二，表明婚姻须依礼而行，其仪节约定俗成，是礼仪系统的重要组成部分。

婚姻在本质上是一种人与人之间的关系。在儒家经典中，婚姻问题被视为家庭、社会的大事。首先，婚礼被视为人伦之始。《礼记·经解》云：“昏姻之礼，所以明男女之别也。……昏姻之礼废，则夫妇之道苦，而淫辟之罪多矣。”其次，婚礼被视为礼的根本。《礼记·昏义》云：“敬慎重正而后亲之，礼之大体，而所以成男女之别，而立夫妇之义也。男女有别，而后夫妇有义；夫妇有义，而后父子有亲；父子有亲，而后君臣有正。故曰：昏礼者，礼之本也。”再次，社会的婚姻状况还与社会治乱相关涉。《新唐书·后妃上》云：“礼本夫妇，……治乱因之，兴亡系焉。”儒家把两性结合为夫妻看作文化的、社会的现象，这是一种具有文明色彩的认识，古代婚姻礼仪正是基于儒家的婚姻观念而逐渐形成的。必须指出的是，儒家对婚姻强调的是“人伦之始”“夫妇之义”，即“三纲五常”“三从四德”等社会规范，对“情”和“爱”则相对忽视。儒家又以婚姻为起点，推衍出父子、君臣一类的等级关系，于是，婚姻关系成为构成尊卑、上下等级关系的基础。

2. 古代婚姻的变迁

中国古代婚姻的变迁可以划分为五个阶段。

（1）原始群婚。

原始群婚是人类祖先实行的一种两性偶合的关系，它出现于人类的早期。当时，人们群居野处，既无固定的配偶，两性交往也无任何习俗和理性的约束，因此不可能构成家族。男女无别，媾合无禁，两性关系纯任自然。如郭沫若所推断的：黄帝以来，五帝和三皇的祖先的诞生都是“感天而生，知有母而不知有父”，正表明是一个野合的杂交时代或者血族群婚的母系社会。

（2）血缘婚。

随着原始经济的缓慢发展和原始人生活经验的积累，特别是人类学会了火的利用以后，在血缘家族内部开始产生了婚姻禁例，即排斥亲（父母）子（子女）通婚，只允许同辈男女（兄妹）发生两性关系。在我国少数民族的民间传说中，兄妹通婚的故事也流传甚广。如苗族的《伏羲兄妹制人烟》、彝族的《梅葛》、布依族的《姊妹成亲》、壮族的《盘古》、纳西族的《创世纪》中，都有兄妹通婚的记述。这类传说虽多有主观虚构的成分，但反映的却是原始社会血缘婚的普遍现象。

（3）伙婚。

伙婚又称亚血缘婚。伙婚与血缘婚的最大区别在于两性关系中又出现了一种新的禁例，即不准亲兄弟姐妹发生婚姻关系。

伙婚制的特点是：一群兄弟和不是自己姐妹的另一群女子通婚，兄弟共妻，姐妹共夫，男女之间互为“亲密的伙伴”。

伙婚制的出现，较之于血缘婚取代原始群婚的意义更为重要。由血缘婚发展到伙婚，自然选择的原则起了主要作用。以自然选择取代血亲婚配，人口的数量和质量都得到了显著提高。

伙婚制的历史作用，还在于它促成了氏族制度的萌芽。由于有了兄妹间乃至旁系兄妹间的婚配禁例，任何男子和女子都必须到别的血缘集团去寻找自己的配偶，所生子女归女系集团，最终导致母系氏族的出现。

（4）对偶婚。

对偶婚的特征是一个男子和一个女子在或长或短的时间内形成的一种不牢固的夫妻关系。较之于群婚，它是个体婚；较之于一夫一妻的专偶婚，它又是一种脆弱的、不稳定的夫妻关系。它是由群婚到专偶婚的过渡，所生子女仍然归属母系。对偶婚制产生于蒙昧时代与野蛮时代的交替时期，它的出现首先在于原始经济的发展，使剩余产品可供分割和交换。

构成对偶婚的方法大体是，由母亲议婚缔结婚约，通过物品交换达成婚配，或以武力到别的氏族抢夺配偶。因此对偶婚的双方不是以感情为基础，而是以方便和需要为基础。对偶婚双方的离异不受氏族习俗的约束，其婚姻关系是不牢固的。

由伙婚制发展到对偶婚制，又萌生出了新的社会因素。首先，在对偶婚家庭中，除亲生母亲外，已有可能确定亲生父亲。其次，男子在生产劳动中所负责任日趋重要，使之在家庭经济中逐渐占主导地位。丈夫地位的实际提升与母权制发生了前所未有的矛盾，解决这一矛盾的唯一办法是按男系来计算世系，这就导致母权制的废除和父权制的确立。

（5）专偶婚。

专偶婚俗称“一夫一妻制婚姻”。专偶婚制的确立，是以父权制取代母权制，以及生产资料私有制为基础的。在专偶婚家庭中，妻子、财产及子女均为丈夫私有，妻子的职能主要是生育子女，延续父权世系。

专偶婚制自其产生之时起，就表现出男权至上的特点。就夫妻地位而言，由于丈夫取得了家庭经济的支配权，因而也就获得了对妻子的统治权。就婚姻关系而言，专偶婚较之于对偶婚要牢固、持久得多，在通常情况下具有不可离异性。就亲属关系而言，专偶婚的确立使亲属关系明晰而完整，血亲、姻亲、嫡、庶等关系都清晰明了，从而形成以父系家长为线索的宗亲网络。

由原始群婚发展到专偶婚，是古代社会由蒙昧、野蛮走向文明的标志。随着婚姻纽带联结范围的缩小，婚姻礼俗反而趋于繁复，并逐渐形成条文规定。

3. 古代婚姻六礼

古代中国人非常重视婚姻关系，认为婚姻是“人伦之基”。因此，男女之间要经过纳采、问名、纳吉、纳征、请期、亲迎等六道程序，婚姻关系才算正式确立。

（1）纳采。

男家看中了某家女孩，就派人去提亲，征求对方意见。男家带去的礼物（以奠雁为重），女方同意议婚就收下。《仪礼·士昏礼》：“昏礼：下达，纳采用雁。”郑玄注：“将欲与彼合婚姻，必先使媒氏下通其言。女氏许之，乃后使人纳其采择之礼。”

（2）问名。

问名俗称“讨八字”“请庚”“探问”。男方请媒人到女家询问女方名字、出生日期、籍贯等，有的还要问三代以及官职等。女方把上述情况一一写在帖子上，交给媒人。这个帖子称为庚帖，因为主要是写年庚；庚帖又称草帖，意思是初步的草本而已。男方接到庚帖后，要请人推算占卜，称为“合八字”。历来对此有许多讲究，一个人出生的年月日时都以感知相配，共有八个字，称为“生辰八字”。如果男女双方的八字相合，就可以定亲；如果八字相克，则不可以议婚。这显然是一种迷信，旧时因此拆散了许多美满的婚姻，后来逐渐被淘汰。

(3) 纳吉。

男方得知女子之名后，即在祖庙进行占卜，预测婚姻是否吉顺。获得吉兆后，就派人到女家道喜，这就是纳吉。

(4) 纳征。

纳征又称“纳成”“纳币”，指男家向女家送聘礼。《礼记·昏义》孔颖达疏：“纳征者，纳聘财也。征，成也。先纳聘财，而后昏成。”也就是说到了这一步，婚约已经完全成立。到了后世，则称为下彩礼、放定。历来的聘礼里往往少不了茶叶，所以又称为“茶礼”。

(5) 请期。

男方送过聘礼之后，请人占卜求得一个吉祥的迎娶日子，不敢自专，派人告知女方以征得女方同意，届时还要送雁为礼。《仪礼·士昏礼》云：“请期，用雁。主人辞，宾许，告期，如纳征礼。”俗称“提日子”“送日头”。时至今日，举行婚礼的日期仍为民众所看重，往往要由男女双方再三磋商才能确定下来。

(6) 亲迎。

亲迎今天叫“迎亲”，是新郎迎娶新娘的仪式，也是六礼中最核心的内容。

迎亲多用花轿，花轿到女家村口、过各村和迎回男家村口时要放鞭炮，迎亲队伍中一般有乐队演奏，造成喜庆气氛。

新娘父亲把新郎带进门，新郎给岳父岳母行跪拜礼，把新娘接走。

新娘到达男家门口，有些地区要婆婆拉着媳妇走过场院中用麻袋铺的路，身后的麻袋要不断传到前面待踩，这称做“传种（宗）接袋（代）”。

当夫妇拜堂时，主持人口中要高声念祝辞，有些地方还穿插吃子孙饽饽、喝和合汤等仪式。宴席过后撤除室内之烛，亲友们还要“闹洞房”，闹得越厉害、越放肆，意味着新婚夫妇日后的生活越红火。

结婚三日后，新媳妇要到夫家的祖庙行“庙见之礼”，即拜见夫家的列祖列宗，以慰先祖在天之灵。庙见的第三天，新郎还要同妻子去拜见岳父母（所谓“三朝回门”），经过这一系列仪式，双方的姻亲关系才算正式确立。

4. 中国古代婚礼习俗

前述的古代婚姻六礼奠定了传统社会里婚姻的基本模式，不过历史上对于婚礼习俗的“损益”和演变从来就没有停止过。明清以降，传统婚礼一般又分成婚前礼、婚礼（指亲迎、拜堂等一系列仪节）和婚后礼三个阶段，尤其以婚礼阶段最为热闹。现将汉族中较为常见的一些婚礼习俗作简要介绍，这就是定情、做媒、相亲、吃茶、嫁妆、哭嫁、花轿迎娶、传代、拜堂、揭盖头、合卺、吃喜酒、撒帐、闹新房、回门。

（1）定情。

中国古代婚姻多为父母包办，不过也常有男女青年恋爱、互赠定情物的事情发生，这在先秦尤为普遍。《诗经·卫风·木瓜》云：“投我以木瓜，报之以琼琚；匪报也，永以为好也。投我以木桃，报之以琼瑶；匪报也，永以为好也。投我以木李，报之以琼玖；匪报也，永以为好也。”传统戏曲有一个众所周知的套路，被称为“私订终身后花园，落难公子中状元。”可见男女私下定情的事情还是不断发生的。古人的定情物一度时兴玉器，比如玉如意、玉扇坠，用以象征爱情的坚贞和纯洁，颇具诗意。到了近现代，北方女子常以绣荷包相赠，南方女子则绣手帕，都以精巧的手艺传达情感。

（2）做媒。

媒妁是传统婚姻的婚姻介绍人。“父母之命，媒妁之言”长期以来成为婚姻所必须要遵守的规范。

（3）相亲。

相亲又称“相门户”。在议婚阶段，由媒人安排一个适当的时间、地点，实地察看对方的情况，包括家财、人品等，然后来确定婚事的成否。古时一般由家长或长辈出面相看断定。

（4）吃茶。

这里专指婚礼中的一个仪式。在婚俗中，“吃茶”意味着许婚，即旧时女子受聘于男家。《老学庵笔记》记载了湘西地区当时一些少数民族的习俗：“醉则男女聚而踏歌……其歌有曰：‘小娘子，叶底花，无事出来吃盏茶。’”其中带有试探是否同意许婚的意思在内。浙西地区媒人奔波于男女双方之间的说合，俗称“食茶”；而女家应允婚事后，立即给媒人泡茶、煮蛋，既是热情款待，同时也是借助传统方式公开表示许婚。

（5）嫁妆。

女子出嫁，娘家陪送过去的衣被、首饰、用具称为嫁妆，又称“妆奁”“添箱”。

魏晋时嫁妆还比较简朴，仅指女子梳妆用的镜、匣等物。后世则有演变，其中的一个变化是讲究排场，把嫁妆看作女子身价、门第的象征，嫁妆趋向丰厚。

（6）哭嫁。

哭嫁又称“哭出嫁”“哭轿”。人们认为“不哭不发，越哭越发”，把哭声当成婚礼热闹的象征。届时不仅新娘哭，她的母亲以及女眷、女伴也陪哭，边哭边唱《哭嫁歌》。歌词的内容主要是感谢父母长辈的养育之恩和哥嫂弟妹们的关怀之情；泣诉少女时代欢乐生活即将逝去的悲伤和新生活来临前的迷茫与不安；倾诉对婚姻的不满，对媒人乱断终身的痛恨，等等。关于哭嫁的起源，一般认为与历史上的掠夺婚有着密切的关系。

（7）花轿迎娶。

新娘出嫁时坐花轿是宋以后的习俗，唐以前一般是坐车。旧时有专门出租轿子的轿行。穷人平时不坐轿，不过结婚时也总得租来坐一回。一般在上轿前要“搜轿”，又称“压轿”，表示驱赶潜入花轿的妖怪。有的要把新娘抱上轿。有的在花轿启程时由娘家人拉住轿杠，上前三步，退后三步，方可放行，称为“留轿”。娘家人用水泼洒花轿，称为“泼轿”。半路上，扛轿的人跟新娘开玩笑，又有所谓的“摇轿”“颠轿”。

（8）传代。

传代又称“传袋”“传席”。花轿到了男家，新娘出轿，习俗认为新娘的脚不可沾地，于是用席或是袋来铺地，让新娘踏在上面前行。届时准备好几只袋，随新娘脚步依次递进，取“传宗接代”之意。白居易《和春深》诗云：“何处春深好，春深嫁女家。……青衣传毡褥，锦绣一条斜。”说的就是这种礼仪。

（9）拜堂。

这是新娘新郎参拜天地、祖宗和父母公婆的礼节。拜堂时还要“牵巾”，即把红绿彩缎绾成一个象征夫妻恩爱的同心结，新郎新娘各执一端，然后行礼。一般为三拜，即“一拜天地，二拜高堂，三是夫妻对拜”。然后送入洞房。

（10）揭盖头。

揭盖头又称“挑盖头”“挑头巾”。据《通典》记载，汉魏时因故不能成礼的，用方巾蒙女氏送往夫家，夫氏挑去方巾，即可成亲。至了唐末，揭盖头已成为婚礼上一个普遍的仪式了。明清相沿成习，新娘出嫁多用红巾盖脸，拜堂后或在入洞房后，由新郎或婆婆将盖头挑下。各地俗规又有所不同，辽宁一带用秤杆挑，取意“称心如意”；浙江宁波则由一福命妇人用秤杆轻叩新娘头部，再用秤尾去挑盖头，暗示新娘做事要“掂斤两”“有分寸”。

(11) 合卺。

合卺又称“交杯”“合瓢”“饮同心酒”，指新郎、新娘在结婚当天的新房内共饮交杯酒（合欢酒），一般举行于新郎亲迎新妇进入家门以后。本用匏（葫芦）一剖为二，将两器（瓢）之柄相连，以之盛酒，夫妇共饮，表示从此成为一体，名为“合卺”。后世改用杯盏，称“交杯酒”。宋代时，“合卺”礼毕，掷盏于床下，使之一仰一覆，表示男俯女仰、阴阳和谐，带有明显的性象征的意味。还有的通过看掷于地上的两个杯的俯仰来看日后夫妇是否和谐，有些占卜的意思，后亦以“合卺”借指成婚。《礼记·昏义》：“妇至，婿揖妇以入，共牢而食，合卺而酳所以合体同尊卑，以亲之也。”孔颖达疏：“共牢而食者，同食一牲，不异牲也……合卺，则不异爵，合卺有合体之义。共牢有同尊卑之义。体合则尊卑同，同尊卑，则相亲而不相离矣。”宋孟元老《东京梦华录·娶妇》云：“互饮一盏，谓之‘交杯酒’。饮讫掷盏，并花冠子于床下，盏一仰一合，俗云‘大吉’，则众喜贺，然后掩帐讫。”宋吴自牧《梦粱录·嫁娶》云：“礼官……命妓女执双杯，以红绿同心结绾盏底，行交卺礼毕，以盏一仰一覆，安于床下，取大吉利意。”

(12) 吃喜酒。

婚礼大喜之日，设宴款待前来贺喜的亲朋好友，也是人之常情，此俗绵延至今，一直没有中断。

(13) 撒帐。

新婚之夜，新人坐在新床上，众人用同心金钱、五色彩果抛撒在他俩身上，称为“撒帐”。或是在入洞房前，有人用枣、栗、花生、糖果等抛撒在新床的各个部位，同时唱《撒帐歌》。婚礼上多用枣、栗一类撒帐，具有象征意义：枣、栗子，寓意“早立子”；石榴，寓意“多子”；花生，寓意“花着生，有男有女”；糖果，寓意“甜甜蜜蜜”；核桃取其质坚味美，象征子女“坚强有为”。在不少地方，撒帐逐渐演化为娱乐、嬉戏活动，撒帐人不是将果子撒在床上，而是在洞房内任意抛撒，以便让妇女儿童满地捡拾。这种争相拾取果子的活动，平添了几分热闹和乐趣。

(14) 闹新房。

婚礼之夜，亲友到新房来看新娘，乘兴逗乐嬉闹，称为“闹洞房”。结婚当晚，亲友不论老幼都可闹房。闹房前，新房门紧闭，闹房者要在外高唱闹房诗，直到守门人感到满意才开。入房后，还要取预先摆在床上的物件，由闹者结合物品内容唱赞诗，逐件取完后才能看新人，要求新郎新娘表演戏谑性节目。闹房可以增加新婚的欢乐、热闹的气氛，是婚礼的最高潮。闹房节目，又叫“戏出”，内容有的文明，有的粗俗，有的高雅含蓄，有的格调低俗。常见的有“穿草心”“姜太公钓鱼”“双龙抢珠”“挟泥鳅”“水底捞月”等。“穿草心”是用两支大小不同的空心稻草，新郎新娘嘴上各衔一支，新娘坐着，新郎站着，将嘴上的稻草穿进新娘嘴中的稻草。闹房者在周围起哄。新娘口衔的稻草不停地抖动，新郎的稻草想要穿进是颇费工夫的。“姜太公钓鱼”是用一个面盆盛半盆水，水面浮动一块小木板，板上放块蛋糕，上面插几个小炮仗，新娘站在高高的椅子上，手提一根钓竿，下垂一支点燃的香，用这香去点燃下面的小炮仗。“水底捞月”是用面盆盛些水，盆底放一枚硬币，令新娘用力吹气，把水吹向两边，迅速地将硬币衔上来。虽然新娘用尽气力，还未来得及衔硬币，水又复原了，常常弄得新娘满脸水渍。闹到更深夜静，“戏出”做完，宾客散去。喜娘领了“花彩”（即红包）退出新房，新婚夫妇始上床安寝。翌日清晨，夫妇须早起向父母拜见请安。

（15）回门。

回门又称“归宁”“双回门”。一般在婚后第三天，新婚夫妻双双回到女家，对于女婿来说，是拜见岳父母，表示感谢；对于女儿，则有出嫁不忘父母养育之恩的意思。

四、丧葬礼仪

1. 概述

西周以来，“孝”的观念慢慢发展起来，关于“孝”的记载也大量见录于铭文、书卷之中。《论语》中有“弟子入则孝，出则悌，谨而信，泛爱众，而亲仁。行有余力，则以学文。”这说明在孔子这里，孝顺父母、友爱兄弟的道德人伦修养应放在首位，比学文更基础、更重要。

孝又可大略分为对在世父母的孝和对离世父母的孝。对在世父母的孝主要表现在供养及敬重方面；而对离世父母的孝，首先便表现在丧葬之事上，通过丧葬之礼来表达对父母的尊重和哀思，同时，丧俗中的长年守孝及定期拜祭等仪式又很好地考验了一个人的责任感和自律性，这种责任感和自律性是互通的，也就是说，一个真正孝的人，从某种意义上对社会应该也是忠诚的，有责任感和担当的。从这一点上看，又将孝从个人的角度纳入了社会的范畴。而对父母的孝、对社会的担当，最终都会趋向于个人道德修养的完满，而这种无数个人道德的完满又能化育整个风俗，促进社会的进步，即《孝经》中所说的“夫孝，始于事亲，中于事君，终于立身”。既然孝如此重要，那么借丧葬之事来体现孝、来进行孝的教化便是一个极好的机会。中国古代，汉、晋、唐、宋、元、明、清等朝代都或多或少地标榜其“以孝治天下”的理念。由此，孝不仅成了个人对父母表达敬重的需要，更成了社会教化人心的手段。

2. 丧礼仪程

《周礼·春官·大宗伯》云：“以丧礼哀死亡”，《礼记·曲礼下》云：“居丧，未葬，读丧礼。”先秦时，贵族的丧礼繁缛之极，墨子对此就有激烈的批评。《礼记·王制》云：“天子七日而殡，七月而葬。诸侯五日而殡，五月而葬。大夫、士、庶人三日而殡，三月而葬。”可见死者的地位越高，丧礼越繁缛，拖的时间越长；即使是一般人，也要到死后第三天才大殓，三个月才落葬。据唐《开元礼》载，一般的丧葬礼仪程序就有66道。司马光《书仪·葬礼》中的丧葬礼仪程序已大加缩减，也还有25道之多。

历史上，由于时代、民族、地域的不同，丧礼礼仪程序都有差异，无法一一罗列，只能以汉族中原地区的传统丧礼为主简要阐述。

死者弥留之际，要为其换一下铺位，称“易箦”。临终，用新絮放在他的口鼻上，称“属纩”。新絮很轻，如果不见飘动，就证明已经断气。关于死的说法，又有等级上的区别。《礼记·曲礼下》云：“天子死曰‘崩’，诸侯曰‘薨’，大夫曰‘卒’，士曰‘不禄’，庶人曰‘死’。”

人已死，亲人们不能接受，希望奇迹能够出现，家人就要为他招魂，称为“复”。古代有专门招魂的人，称为“复者”。此人持死者上衣，从前方上屋顶，向北呼叫死者名字：“某某某，回来呀！”共呼三长声，以为死者魂魄已归附此衣，然后从后方下屋，将衣盖在死者身上。此衣称“寿衣”。接着为死者沐浴，还要在死者口中放入玉器、珠宝、钱币一类的东西，总之是不能让人空着嘴离开人间，称“饭含”。绵延至后世，民间一般称为“停尸”，即把尸体移至中堂的木板床上，头北脚南，尸体头前置“长明灯”，据说是为死者灵魂引路的。灯侧放一满碗饭，饭上竖插一双筷子或棍子，俗称“打狗棒”，意思是让亡灵打狗用。

长辈亡故，子孙要戴重孝，奔赴亲友家叩头报告凶讯以及丧葬礼日期等事宜，称“报丧”。报丧人一般只在门外报告死讯，不可进入别人家门。

吊唁，又称“吊孝”“吊丧”，指亲友上门哀悼死者并慰问丧家的礼仪。宾客上门吊唁时，孝子和家属跪于灵案西侧答礼，还有哭灵的礼仪。吊唁期间尚有诸多禁忌：不洗脸，妇女不搽胭脂粉，吃素。哭也有讲究，古代孝子自父母死到殡，必须哭声不绝，宾客吊唁时更是必须大哭。哭时要带回音，表示悲切，还要哭得面色发黑，要扶棍子才能站起来。吊唁是与死者的告别，是表达内心情义的最后机会。《颜氏家训·风操》记载，南北朝时期的江南，生活在同一城邑的好朋友，闻丧而三日之内不去吊唁，丧家就会与之绝交，日后即使路上相遇，也是回避而不打照面，“怨其不已悯也”。因有他故或者路远不能前往吊唁者，可以书信致哀说明情况，“无书亦如之”，即连书信也没有者，丧家也与之绝交。

丧服，是死者家属在丧葬礼中所穿的衣服。根据与死者之间亲属关系的亲疏远近不同，服丧的时间有长有短，丧服规格也不一样。《仪礼·丧服》对此有详细的记载，归纳起来称为“五服”，即：斩衰、齐衰、大功、小功、缌麻。其中以“斩衰”为最重，布质最粗劣，是子女所戴的孝，古时为粗麻做成的衣裳，不缝边。服丧期为三年。斩衰服以下的丧服分别是：齐衰服、大功服、小功服、缌麻服。

齐衰服：是为祖父母、伯叔父母所服之丧，服丧时间分三年、一年和三个月三种，其中一年服又分为“杖”与“不杖”（杖为居丧时拿的棒），凡夫为妻服丧，如果自己的父母还在，就不能持杖，称为“不杖期”。齐衰服用较斩衰服略细的粗麻布制作而成，且衣服有锁边。

大功服：适用于为堂兄弟、未嫁之堂姐妹、已嫁之姑母和已嫁妇女为娘家的伯、叔、兄弟等所穿的孝服。大功服丧期九个月，丧服用熟麻布制作而成。

小功服：适用于为从祖父母、堂伯叔父母、从祖兄弟、外祖父母、姨母等所穿的孝服。此外，妻为妯娌和夫之姑母、姊妹也服小功。丧期为五个月，丧服以较细的熟麻布制作而成。

缌麻服：是最轻的一种丧服，为族祖父母、族父母、族兄弟、姑表兄弟、舅表兄弟、姨表兄弟、岳父母、女婿、舅父、外甥、外孙等所服。缌麻服丧期三个月，丧服以细麻布制作而成。

装殓尸体的礼节也很讲究，有小殓、大殓之分。小殓是给死者穿寿衣，大殓是把尸体装入棺材，用今天的话来说就是向死者遗体告别，俗称“入棺”“入木”“落材”。

大殓后，一般都要停棺待葬达数月之久，这段时间称为“殡”。一般人停棺在家，春秋时诸侯则停棺于宗庙。这段时间里，家人要请人占卜，选定墓地和落葬日期。后来则发展为“闹丧”，又称“暖丧”“坐夜”“伴亡”等，夜里请和尚、道士来念经做道场，并会集亲朋好友，终日喝酒击鼓唱丧歌，把丧事办理得隆重而热闹。

出殡下葬时，要在门口举行奠仪，然后柩车出动，死者亲属列队护送到墓地，一律穿丧服。拉柩车的绳子称为“绋”，执绋人要唱哀歌，称为“挽歌”。送葬队伍由开路神、引路幡开道。

第二节　现代的人生礼仪

一、现代的成人礼

成人礼的主题是让年轻人经过磨难，一方面要考验年轻人是否在身心能力等意志方面经得住考验，同时也是通过成人礼的形式，给人打下终生难忘的深刻烙印。一个人从儿童转向成人，也可以说意味着人的又一次新生，在这个意义上，成人礼带有死而新生的寓意。比如在有些部落，成年男子在即将通过成人礼之前要经历一些严格训练，在进行仪式之前，他们的全身要涂以白色，以此象征儿童阶段已经死去。在仪式中，他们再一次复活，获得新生，从此成为强有力的部落正式成员。人类学家称这种习俗为“拟死再生成人礼的继承与发展”。

举行成人礼，一是为了郑重庆贺，二是一种教育手段。通过严肃认真的仪式使年轻人获得一种“成人”的意识，更加意识到自己对社会的责任、义务。这种仪式会增加人的成熟感、自律意识，并在隆重的气氛中体味到人生道路上这一块重要里程碑的丰富内涵。抛却传统成人礼中陈旧烦琐的程序仪式，作为一种强化成人责任意识的手段，这种礼节在青少年成长的进程中是有积极意义的。

根据《中华人民共和国宪法》的规定，年满十八岁者为成人。这是人生全新的起点，体格、智力、行为已完全不同于幼稚的孩童。举行冠礼，虽然是一种仪式，却有助于唤起参与者的成人意识，树立起对自身、对家庭、对社会的责任，由此能约束自己的行为。现代社会由于人口流动性大，很多人离开了原先的生活环境，融入广阔的世界，其后代也随之流动，因此，传统社会在家庙里举行的成人礼，只有少数人能够做到。进入城市生活的人，多数已经做不到。那么，如何对待古礼呢？既可以陈陈相因，也可以有所损益。根据实际情况，变通而为，在保留古礼的合理内核的前提下，通过集体宣誓的方式举办成人礼，也是可行的，目的就在于激发参与者的成人意识和社会责任感。纵观全国各地举办的形式多样的集体成人礼，可以说是各有长处。现代成人礼，可以通过对德、智、体、美、艺等多个方面进行考察，然后集中举行手捧《宪法》、宣读成人誓言的仪式。大体的构思如下：

场所：学校礼堂或孔庙。

时间：每年春季某晴日，上午九点。

程序：布置场景，悬挂横幅；准备《宪法》，撰写誓词（预先记诵）。

主持人（选定端庄知礼者）主持：

（1）请同学们列队进场，男左女右，面北肃立（着装要求视具体情况而定，不一定非古装不可）。

（2）请家长代表（有德行的，比如劳模）登台教诲（力求简短）。

（3）数名优秀生（德、智、体全面发展者）代表出列，向坐在两旁的观礼宾客行揖礼后，上台正坐，接着数名男正宾、女正宾登台，为学生梳头，并为男孩戴冠（可选具有象征意义的帽子），为女孩盘发插笄（可选具有象征意义的发簪）。被加冠（笄）者分别向孔子、朱子像行拜礼，向正宾、父母、教师代表敬茶。

（4）请德高望重的教师登台教诲（言语简练，不冗长拖沓）。

（5）请学生共同宣誓。众人手捧《宪法》，齐声宣读：

今天在这里（具体地点）举行成人仪式，年满十八岁的我们，庄严宣誓：

巍巍华夏，浩然乾坤。降生我等，实委重任。

今日立志，明责在心。秉承正气，砥砺精神。

志存高远，胸怀礼仁。强吾体魄，振我国魂。

养德报国，孝道侍亲。以信立业，以诚待人。

守法遵纪，做好公民。耿耿誓言，谨佩终身。

（6）校方分赠纪念礼品，礼毕。

（7）合影留念。

举行现代成人礼必须注意的是，成人礼在于仪式的程序化、参与者神态的庄重，旨在使参与者通过这种仪式，明白自己已是成人，由此担负起成人所必须承担的责任与义务，而不是只图服装新奇、气氛热闹和好玩。因为成人礼的仪式远非童稚的游戏，更不是一种旨在取悦观众的舞台表演，切忌走过场或把它变成一种商业运作。很多学校模仿汉代的成人礼仪式，这也是一种有效的方式，一方面可以让学生对中国古代的礼仪有切身的体验，另一方面又可以激发学生的社会责任感。但是，切忌把成人礼搞成作秀。

二、现代婚礼

1. 崇尚简单

婚礼的原本形式和状态就是庄重、简单的。无论是西式婚礼还是传统的中式婚礼，证婚仪式和三拜仪式都不过短短的十几分钟而已。

在现代社会，人们的生活压力骤增，生活节奏加快，使很多新人无力、无暇顾及婚礼仪式以及婚礼的琐碎细节。

同时，现代婚礼受到西式婚礼仪式的影响，融入了很多西式婚礼的元素，从而使婚礼变得更加简洁，更符合青年人的性格。

2. 追随时尚

时尚即时代所崇尚的，紧扣时代脉搏的事物。随时代的节拍而动，这样才不会落伍。婚礼同样如此，要办符合时代精神的婚礼。历史往前翻 20 年，当时就是司仪对着大红纸照本宣科地唱礼。10 年前，是文艺化的婚礼，靠司仪的一张嘴来调动新人和现场气氛。而如今，婚礼是全方位、立体化的，需要时尚、个性的婚礼策划，完美的舞台，声、光、电的配合，新人的全面展示，而司仪仅仅是婚礼中的一个角色和环境。以前认为优秀的司仪在婚礼中是至关重要的，而如今能找到一位好的司仪，并不等于就能办好婚礼。

3. 注重情感

任何创作和文艺形式只有注入了情感才会赋予它灵魂，才会充满生命力。婚礼同样如此。

婚礼是情感的载体，是亲朋好友情感传递的平台。婚礼所表达的三种情感分别是：爱情、亲情和友情。只有把这三种情感表达好了，表达到位了，才是最能引起共鸣的好婚礼。

4. 展示个性

当下是一个崇尚表现的时代，而青年一代是个性张扬、个性展现的一代。青年一代的思想和行为总希望与众不同、标新立异。个性婚礼恰恰迎合了青年一代的胃口和需求。

个性婚礼就是通过婚礼这个重要的人生舞台来充分地表达自我、展示自我、展示美好的爱情，并且非常注重爱情的个性表达。这就是为什么策划师在婚礼前要和新人有充分的了解和沟通。

5. 必备浪漫

浪漫是爱情的专属情调，是现代婚礼所必不可少的氛围。

6. 赋予文化

婚礼文化、文化婚礼。婚礼文化包括：婚礼的发展、婚礼的礼仪文化、婚礼的民俗文化、婚礼的服饰文化等。文化婚礼就是赋予婚礼一种内在的、深刻的意义和思想，以此来体现婚礼的正宗和品位，有令人思索和回味的内在气质，从而提升婚礼的品质。

三、现代丧葬礼仪

中国人非常看重葬礼，传统葬礼十分烦琐复杂且有一些迷信成分。在现代文明的冲击下，今天的丧葬礼仪已比过去简化，追悼会开过立即火化，没有过多的讲究，但葬礼毕竟是很庄严的大事，应该了解一些必要的葬礼知识，这样才能保证去世亲人葬礼仪式的完美郑重。

在真正发生丧事时，作为朋友，应立即到死者家里表示哀悼之意，若因距离过远，无法前往吊唁，则应及时写封信给其家人表示哀悼。打电话表示吊唁是不适宜的，相反还会因为占用了电话而引起不便，因为在这种时候，死者家属常常要使用电话通知其他亲友，以及做一些其他必要的安排。

关系比较亲密的朋友应亲自参加哀悼，并帮助死者的家人做一些事情，如照看孩子、迎接来客以及照料家属等。

在这期间，如果有很要好的朋友愿意负责安排丧葬事宜，这个帮助是非常及时而有必要的。因为死者的亲人们这时候多半心情不好，无法做出更加理智的安排，而且他们在慌乱中做事，可能会破坏很多必要的丧葬礼仪。如果没有要好的朋友可帮忙负责安排时，也应找一位亲属（多为男性）负责。若由死者的儿子负责时，他必须能控制好自己的情绪。

1. 通知亲友

如果死者家属有人不在时，在场的人第一件要做的事是通知死者家属，并通知一两位能干的、与死者关系亲密的好朋友。死者家属及亲密朋友应以电话通知近亲属，即使他们住得很远，也应以电话通知。

2. 死亡证明书

死亡证明书应由负责照料死者的医生填写。这种手续必须立即完成，因为其他一切事项均须等死亡证明书完成签署之后才能开始进行。

3. 发布讣告

讣告是死者所属单位组织的治丧委员会或者家属向亲友或有关单位报丧时使用的通知或文书。讣告通常包括死者生前职衔、死亡时间、直系亲属名字、殡葬时间及地点等。

4. 陪葬衣物

负责安排丧葬的人应在死者家属的协助下，将死者陪葬的服装准备好。陪葬的服装无严格的规定，可以穿死者生前喜欢的服装，也可以穿死者生前在正式场合穿用的服装。年轻女子死亡时多穿白色服装，小孩子则着学生装。结婚戒指一般都给死者戴着下葬，而其他首饰都取下。现在大家都习惯在殡仪馆举行吊唁仪式、开追悼会。死者的家属也常常在这里接见前来吊唁的朋友。

5. 收送花圈

参加吊唁和追悼会的人可以送花圈表示哀悼，花圈一般送到殡仪馆，在花圈的白色缎带上通常上联写“×××千古”，下联写“×××敬挽”。死者家属可请一人专门负责花圈有关事宜，并记录送花圈的人名和单位，以便日后表示谢意。如果讣告已写明有“恳辞花圈”时，就不要送花圈了。另外，赠送鲜花给失去亲人的要好朋友也很有意义。丧事过后若能经常性地赠送一些鲜花，会使死者的亲人因你的持久关心而感到安慰。

6. 吊唁

现代丧事吊唁仪式大多在殡仪馆举行，死者家属也在殡仪馆接见前往吊唁的亲友，这样的话，主持丧事的人应在发布讣告时把家属接受亲友前往吊唁慰问的时间予以公布。其他时间，人们想前往吊唁，但又觉得自己与丧家的关系不够密切而不便打扰时，则到殡仪馆会客间，在预先准备好的签名簿上签名后离开即可。

7. 追悼会及其仪式

不论城市或乡村，不论单位或民众家庭，人死了，开追悼会来寄托哀思，是现在人们常用的、应当提倡的一种新式葬礼。开追悼会既是悼念死者，也体现了现代文明已逐渐为人们所接受。

追悼会的规模不宜太大，会场要布置得庄严肃穆，可用柏枝、白纸花等扎几个花圈，两边挂上挽联。送花圈时要小心轻放。仪式开始之后，所有女性祭奠人员均应保持一切穿戴不动。男士如果穿着大衣时，可继续穿着，也可以脱下挂在手腕上，帽子则应脱下拿在手上。追悼会仪式程序如下：

（1）×××同志追悼会开始，全体肃立。

（2）奏哀乐。

（3）向×××同志遗像致敬、默哀。

（4）敬献花圈（如事前已献过花圈的，则只宣布献花圈的单位名单即可）。

（5）×××同志致悼词。

（6）×××代表讲话。

（7）宣读唁电、唁函。

（8）家属（或家属代表）讲话。

（9）奏哀乐、散会。

8. 遗体告别仪式

近年来，除了那些极有成就的名人学者以开追悼会的形式向死者表示哀悼外，一般人死了都只进行遗体告别仪式，这种做法比开追悼会还要更简单一些，其仪式如下：

（1）×××同志遗体告别仪式开始。

（2）奏哀乐。

（3）向×××同志遗体致敬、默哀三分钟。

（4）献花圈。

（5）致悼词。

（6）向×××同志遗体告别（与会人员成单排缓慢走过灵床）。

（7）散会。

9. 送葬

死者所有的家属应参加送葬，如果讣告写明为“家奠”时，则死者的朋友可以不必送葬。除非死者家属另有通知请求他们参加送葬。若讣告写有殡葬时间、地点时，可认为是正式邀请参加送葬，是否愿意参加由自己决定。当然，如果是死者家中的常客，或与死者家属为密友，不参加送葬就会被认为是无情无义了。

参加朋友的葬礼所穿的服装不一定非得是黑色的，除非要与死者家属坐在一起，但只要参加送葬，便仍以黑色及不鲜艳夺目的穿着为宜。

10. 骨灰安放仪式

安放骨灰盒的礼仪一般在墓地进行。墓地一般立有墓碑，墓碑的正面刻有墓中人的姓名、立碑人以及立碑时间。碑的背面不刻写碑文。

死者亲属肃立墓穴前，由承祀人（墓中人的子女）手捧骨灰盒缓缓放入墓穴，然后封穴盖顶。封穴毕，在墓碑前的亲属献上花圈、鲜果，并行礼致哀。

倘若骨灰盒是安放在殡仪馆或火葬场的骨灰盒存放室时，则仪式可以从简。只是在骨灰盒前安放小花圈和鲜果进行祭供，并行礼致哀。

11. 服孝

我国传统的丧服礼制比较复杂，讲究穿白戴孝，不同的亲友穿不同的丧服，持服期也不等。现在的丧礼、丧服已大大简化，大多数人都尽可能地设法节哀，并避免让自己的悲愁心情影响别人。而穿孝服则很容易让人回想起过去。况且，穿孝服也常常妨碍自己过正常的生活。

现在丧葬期间，死者家属一般只戴一条黑布（纱）表示亲人去世，自己正在哀期，还表示对亲人的哀思怀念。亲友去世后，举行追悼会时，在场的人在左胳膊上也都套戴黑纱，表示对亡者的哀悼。有的男子服孝时亦可同时穿黑色袜子，戴黑色手套，穿黑色鞋子，打黑色领带，穿白色衬衣（忌穿花衬衣）。戴黑纱上班或工作时，有时会觉得很不方便，因为戴黑纱，意味着凡是见着你的熟人都应向你致慰问之意，而这样的事又常为多数男士所回避。因而有些男士在服孝期间上班时，除穿黑色袜子、白色衬衣外，不再另戴任何服孝标记。

现在，女士们通常都要上班，为方便起见，穿上不太引人注目的孝服，也是绝对可以的。事实上，女士们若是经常穿着黑色衣服或灰色衣服，而在胸前用一点点白色加以点缀，根本不会引人特别注意。

无论任何时候，小孩均不应穿黑色孝服。

典型案例

“成人礼” 何以焕发生机

“今且生如夏花，莞尔韶华，奕奕容光。弱冠既加，如之栋梁。道义不辞，大任始承……”8月12日上午，来自不同地方的四个孩子在曲阜孔庙大成殿前庄严宣誓。

近年来，成人礼这个被封藏已久的中国传统仪式开始呈复苏之态。然而，重表演轻内涵、不具持续性、仪式感薄弱等问题也随之涌现。成人礼如何才能重塑仪式深刻的文化内涵，成了亟待解决的问题。

…………

婚礼陋俗令新人苦不堪言

在热闹婚礼的背后，一些婚俗陋习正悄悄袭来。新郎被打、公公婆婆被人为丑化、婚床被他人肆意抢占甚至压塌……真不知道，这些被高清摄像机记录下的细节，全家人有没有勇气再次回顾。太原人小胡，孩子刚满两岁，虽然婚礼已经过去好多年，可是说起婚宴当天的事情，小胡还是十分羞愧。小胡的老公是方山县人。按照当地的习俗，婚礼当天，小胡要被公公和老公的兄弟们接力背进洞房。这个习俗，小胡是在婚礼举行前一周才知道的，为此，小胡和老公严肃地谈过一次，小胡觉得被公公和小叔子们背着，实在太尴尬了，她不能接受。可是老公说，这是家乡的习俗，祖祖辈辈都是这样做的，如果不按风俗来，周围的人会笑话他家人不懂规矩的。虽然一万个不愿意，小胡的婚礼还是按照当地的风俗举行了。

阅后思考

1. 成人礼如何才能重塑仪式深刻的文化内涵？

2. 谈谈自己家乡的婚礼仪式蕴含了哪些传统内涵，又有哪些陋习。

经典文本

◎乃生男子，载寝之床。载衣之裳，载弄之璋。

——《诗经・小雅・斯干》

◎乃生女子，载寝之地。载衣之裼，载弄之瓦。

——《诗经・小雅・斯干》

◎子生，男子设弧于门左，女子设帨于门右。

——《礼记·内则》

◎江南风俗，儿生一期，为制新衣，盥浴装饰，男则用弓矢纸笔，女则刀尺针缕，并加饮食之物及珍宝服玩，置之儿前，观其发意所取，以验贪廉愚智，名之为试儿。

——《颜氏家训·风操》

◎幼名，冠字，五十以伯仲，死谥，周道也。

——《礼记·檀弓上》

◎男子二十，冠而字。

——《礼记·曲礼上》

◎冠而生子，礼也。

——《左传·襄公九年》

◎绥多女士。绥，安也。冠子取妇之时也。

——《大戴礼记·夏小正》

◎古者冠礼筮日筮宾，所以敬冠事。敬冠事，所以重礼。……古者重冠。重冠，故行之于庙。行之于庙者，所以尊重事。尊重事而不敢擅重事。不敢擅重事，所以自卑而尊先祖也。

——《礼记· 冠义》

◎三代改制，齐冠不复用也。以白布冠质，以为丧冠也。

——《仪礼注疏》卷三十四

◎取妻如之何？匪媒不得。

——《诗经·齐风·南山》

◎凡嫁子娶妻，入币纯帛，无过五两。

——《周礼·地官司徒》

◎又《家语》有三不去：“曾经三年丧，不去。”休云：“不忘恩也。”“贱取贵，不去。”休云：“不背德也。”“有所受无所归，不去。”休云：“不穷穷也。”休又云：“丧妇长女不娶，无教戒也；世有恶疾不取，弃于天也；世有刑人不娶，弃于人也；乱家不娶，类不正也；逆家女不娶，废人伦也。”是五不娶。

——《仪礼注疏》卷五

◎ 夫礼，始于冠，本于昏，重于丧祭……

——《礼记·昏义》

◎ 昏礼者，将合二姓之好，上以事宗庙而下以继后世也。

——《礼记·昏义》

◎ 非受币，不交不亲。

——《礼记·曲礼》

◎ 昏姻之礼，所以明男女之别也。……故昏姻之礼废，则夫妇之道苦，而淫辟之罪多矣。

——《礼记·经解》

◎ 敬慎重正而后亲之，礼之大体，而所以成男女之别，而立夫妇之义也。男女有别，而后夫妇有义；夫妇有义，而后父子有亲；父子有亲，而后君臣有正。故曰：昏礼者，礼之本也。

——《礼记·昏义》

◎ 嫁女之家，三夜不熄烛，思相离也。取妇之家，三日不举乐，思嗣亲也。

——《礼记·曾子问》

◎ 秋八月，诏曰："婚姻之礼，人伦之大者也，酒食之会，所以行礼乐也。"

——《汉书·宣帝本纪》

◎ 天子七日而殡，七月而葬。诸侯五日而殡，五月而葬。大夫、士、庶人三日而殡，三月而葬。

——《礼记·王制》

◎ 服术有六：一曰亲亲，二曰尊尊，三曰名，四曰出入，五曰长幼，六曰从服。

——《礼记·大传》

◎ 天无二日，士无二主，国无二君，家无二尊，以一治之也。故父在，为母齐衰期者，见无二尊也。

——《礼记·丧服四制》

◎ 故三年之丧，人道之至文者也，夫是之谓至隆。是百王之所同也，古今之所一也。

——《荀子·礼论》

◎三日而食，三月而沐，期而练，毁不灭性，不以死伤生也。丧不过三年，苴衰不补，坟墓不培；祥之日，鼓素琴，告民有终也，以节制者也。资于事父以事母，而爱同。

——《礼记·丧服四制》

◎礼：斩衰之丧，唯而不对；齐衰之丧，对而不言；大功之丧，言而不议；缌小功之丧，议而不及乐。

——《礼记·丧服四制》

经典故事

1. 知悼子卒

知悼子卒，未葬；平公饮酒，师旷、李调侍，鼓钟。杜蒉自外来，闻钟声，曰："安在?"曰："在寝。"杜蒉入寝，历阶而升。酌，曰："旷，饮斯!"又酌，曰："调，饮斯!"又酌，堂上北面坐饮之。降，趋而出。平公呼而进之曰："蒉，曩者尔心或开予，是以不与尔言：尔饮旷何也?"曰："子、卯不乐。知悼子在堂，斯其为子、卯也大矣！旷也，大师也。不以诏，是以饮之也。""尔饮调何也?"曰："调也，君之亵臣也。为一饮一食，亡君之疾，是以饮之也。""尔饮何也?"曰："蒉也，宰夫也。非刀匕是共，又敢与知防，是以饮之也。"平公曰："寡人亦有过焉，酌而饮寡人。"杜蒉洗而扬觯。公谓侍者曰："如我死，则必无废斯爵也!"至于今，即毕献，斯扬觯，谓之"杜举"。

——《礼记·檀弓下》

故事大意：晋国的大夫知悼子死了，还没有埋葬，晋平公就喝起酒来，还让乐师师旷和近臣李调陪饮，鼓钟助兴。杜蒉从外面进来，听到钟声，问："在哪里?"答曰："在寝室。"杜蒉进入寝门，走上堂，舀了一杯酒命令师旷喝，又舀了一杯酒让李调喝，然后自己喝了一杯，什么都没说就下堂了。晋平公叫他进宫 来，说道："杜蒉，刚才你也许想要开导我，所以我没有同你说话。你为什么让师旷喝酒呢?"杜蒉回答道："照礼，在甲子日和乙卯日不奏乐。知悼子的灵柩还在堂上，这比逢上甲子日、乙卯日还要严重。师旷是掌乐的太师，不把这种礼节告诉国君，所以罚他喝酒。"晋平公问："你为什么让李调喝酒呢?"杜蒉回答："李调是国君的近臣。为了吃喝，竟忘了国君的忧患，所以也罚他喝一杯。”晋平公又问：“那你自己为什么喝酒呢？”杜蒉回答：“我掌管膳食，没有尽到提供刀、匙的职责，却胆敢参与防止违礼的事，所以罚自己喝一杯。”晋平公说：“我也有过失，倒杯酒来罚我喝。”杜蒉洗过酒杯，倒上酒举起献上。晋平公对侍者说：“如果我死了，一定不要废止举杯献酒的礼仪！”直到如今，凡是向国君和宾客献酒过后，就要举起酒杯，这叫做“杜举”。这个故事说的是，君臣之间在丧期如果不能体现出应有的情分，君臣关系就会不正常。

2. 赵文子冠

赵文子冠，见栾武子，武子曰：“美哉！昔吾逮事庄主，华则荣矣，实之不知，请务实乎。”

见中行宣子，宣子曰：“美哉！惜也，吾老矣。”

见范文子，文子曰：“而今可以戒矣，夫贤者宠至而益戒，不足者为宠骄。故兴王赏谏臣，逸王罚之。吾闻古之王者，政德既成，又听于民，于是乎使工诵谏于朝，在列者献诗使勿兜，风听胪言于市，辨袄祥于谣，考百事于朝，问谤誉于路，有邪而正之，尽戒之术也。先王疾是骄也。”

见郤驹伯，驹伯曰：“美哉！然而壮不若老者多矣。”

见韩献子，献子曰：“戒之，此谓成人。成人在始与善。始与善，善进善，不善蔑由至矣；始与不善，不善进不善，善亦蔑由至矣。如草木之产也，各以其物。人之有冠，犹宫室之有墙屋也，粪除而已，又何加焉。”

见智武子，武子曰：“吾子勉之，成、宣之后而老为大夫，非耻乎！成子之文，宣子之忠，其可忘乎！夫成子导前志以佐先君，导法而卒以政，可不谓文乎！夫宣子尽谏于襄、灵，以谏取恶，不惮死进，可不谓忠乎！吾子勉之，有宣子之忠，而纳之以成子之文，事君必济。”

见苦成叔子，叔子曰：“抑年少而执官者众，吾安容子。”

见温季子，季子曰：“谁之不如，可以求之。”

见张老而语之，张老曰：“善矣，从栾伯之言，可以滋；范叔之教，可以大；韩子之戒，可以成。物备矣，志在子。若夫三郤，亡人之言也，何称述焉！智子之道善矣，是先主覆露子也。”

——《国语》

故事大意：赵文子举行了加冠典礼后，去拜见栾武子，栾武子说：“美啊！以前我赶上做你父亲庄子的副手，他外表很美，但华而不实，请你努力讲求实效吧！”

赵文子去见中行宣子，宣子说：“美啊！可惜我老了。”

赵文子去见范文子，范文子说："现在你可要警惕啦，贤明的人受到宠爱而更加警惕，智慧不足的人因为得宠而骄傲起来。所以振兴事业的君王奖赏那些敢于进谏的臣子，而贪图享乐的君王却惩罚他们。我听说古时候的君王在建立了德政之后，又能听取百姓的意见，于是叫瞎眼乐师在朝廷上诵读前代的箴言，在位的百官献诗讽谏，使自己不受蒙蔽，在市场上采听商旅的传言，在歌谣中辨别吉凶，在朝廷上考察百官职事，在道路上询问毁誉，有邪曲不正的地方就纠正过来，这一切就是警惕戒备的全部方法了。先王最痛恨的就是骄傲。"

赵文子去见郤驹伯，郤驹伯说："美啊！但是壮年人不如老年人的地方多得很哪。"

赵文子去见韩献子，韩献子说："要谨慎警戒啊，这就叫做成人。成人的关键是在一开始就要亲近善人。一开始就亲近善人，善人再推荐善人，那么，不善的人就没办法到自己身边了。一开始就亲近不善的人，不善的人又引进不善的人，那么，善人也就没办法到自己身边了。这就好像草木的生长一样，各以其类聚在一起。人戴上冠冕，就如同宫室有了墙屋，只是去除污秽、保持清洁罢了，其他还有什么可增益的呢？"

赵文子去见智武子，智武子说："你好好努力吧！作为赵成子、宣子的后代，老大了还在做大夫，这不是耻辱吗？成子的文才、宣子的忠心，难道可以忘记吗？成子通晓前代的典章，用来辅佐文公，精通法令而终于执政，这能说不是文吗？宣子在襄公、灵公时尽心诤谏，由于强谏而被灵公所憎恨，还是冒死进谏，这能说不是忠吗！你好好努力吧，有宣子的忠心，同时加上成子的文才，侍奉君王就一定能成功。"

赵文子去见苦成叔子，叔子说："年少而当官的人很多，我怎么安排你呢？"

赵文子去见温季子郤至，季子说："你比不上别人，那么可以退而求其次。"

赵文子去见张老，把各位卿大夫的话告诉了他。张老说："好呀，听从栾伯的话，可以使自己不断进步；听范叔的教诲，可以恢弘自己的德行；听韩子的告诫，有助于你成就事业。条件都具备了，能否做到就要看你自己的志向了。至于三郤的话，是使人丧气的言论，有什么值得称道的呢？智子的话说得对呀，是先人的恩泽庇护滋润着你啊。"

拓展阅读

成人礼对人生意义的解析

1993 年 12 月 18 日下午，共青团上海市委在黄浦江边新外滩广场为 800 名 18 岁公民举行了“上海市第一届18岁成人仪式”，之后，国内各城市纷纷为18岁的公民举行隆重的成人礼，各类媒体也争先进行报道，社会各界也纷纷投以关注的目光，许多大中城市还设立地区性的成人节，成为本区年满18岁国民成人宣誓的日子。

什么是成人礼呢？成人礼又称成年礼、成丁礼、入世礼、成年仪式、加入仪式、入社式等，是一项重要的人生仪礼，是指“为达到性成熟或法定成年期的少年举行的一种仪式，以此确认其为成年，接纳其为社会的正式成员，或一种宗教团体的成员”。

通过这种仪式，表明他（她）已从少年时代进入成年人的行列，获得了一个社会成员所具有的权利，同时要承担一个社会成员应承担的责任和义务。成人礼不仅具有良好的社会教育功能，产生积极的文化传承作用，且与仪式对象的人生各个方面都有密切的联系。成人礼对仪式人的社会家庭生活，以及其他人生仪礼都有决定性的影响。冠礼、笄礼是汉族古代传统的成人礼形式，在中国的历史文化中有很高的地位，曾发挥了重要的作用。本文以冠礼为主线，就成人礼对仪式对象的人生影响进行阐述。

一、成人礼前后称谓、社会地位、权利和义务的变化

《礼记·曲礼上》：“男子二十，冠而字。”“命字”是冠礼仪式的一项重要程序，标志着受礼者已成为应加以尊敬的成年人。自加冠命字之后，除本人自称，以及君、父、老师可称其名外，其他任何人不得再直呼其名，而只能以“字”相称。《礼记·檀弓上》：“幼名，冠字。”孔颖达疏：“生若无名，不可分别，故始三月而加名，故云幼名也。字者，人年二十，有为人父之道，朋友等类不可直呼其名，故冠而加字。”宋代以后，冠礼虽然逐渐式微，但给将成年的男子“庆号”（或称“送号”“贺号”）之俗一直盛行至民国时期。在仪式之后，人们对其皆以“号”（即“字”）相称。民国《完县县志》记载：“唯男子自二十岁以后，乡人往往择年相若者数人，将名字榜诸通衢，名曰‘送号’。醵金会饮，借申庆祝。此二十余岁之男子，自此遂以字行侪于成人之列矣。”

男子行成人礼后，仪式人就跻身于成人的行列，社会承认其已经成人的地位，开始以成人之礼待之。据《礼记·冠义》记载：男子加冠后，见于母，母拜之；见于兄弟，兄弟拜之。然后着玄冠、玄端奠挚于君，以成人之礼挚见于乡大夫乡先生，以成人身份展开社交活动。“成人之者，将责成人礼焉也。责成人礼焉者，将责为人子、为人弟、为人臣、为人少者之礼行焉。”男子加冠之后，正式以成人所应承担的责任对其进行要求，开始扮演不同的社会角色，依角色来规范自己的行为。

成人礼的举行，象征他（她）已经脱离了长辈的护佑，完全享有一个成人所具有的权利，他（她）开始拥有参加社交活动的资格，如男子开始有参加宗族祭祀的资格等。又如摩梭人在成人礼仪式之后，可以参加家族的各种议事活动，除本人要遵守本民族和村寨的习惯法外，同时也有权参加执法组织，处理违反本民族和村寨中习惯法的人，以保证习惯法得到切实遵守，维护民族和村寨的秩序等。

同时，在成人礼仪式之后，他（她）们也要开始履行一个成人所承担的义务，如参加生产劳动，分担家庭的经济压力，保护家人的安全和维护家族的声誉等。纳西族为男子举行“穿裤礼”时，受礼人左脚踏在粮袋上，右脚踏在象征财富的猪膘上，手拿弓箭、矛，象征狩猎；为女子举行“穿裙礼”时，受礼人一脚踏粮袋，一脚踏猪膘，手拿纺轮和梭子，象征承担家务。仪式中“达巴”念诵的祝辞中也多有劝诫勤劳、勇敢的内容等。

二、成人礼前后服饰的变化

冠礼是古代汉族男子的成人礼，是为达到一定年龄的男子结发加冠的一种成人礼形式。古代男子在行冠礼之前，或将头发自然下垂，称为“垂髫”；或将头发束在一起，垂在脑后，称为“总发”；或扎成左右两股，像两只犄角，称为“总角”。

男子长至一定年龄（一般为 15 ～20 岁）为之加冠。郑玄注《礼记·郊特牲》曰：“始加缁布冠，次皮弁，次爵弁。”冠礼之后，冠就成为男子的常服、祭服、朝服等中不可或缺的服饰之一，君子无故而不去冠。《左传·哀公十五年》记载孔子的门徒子路在卫国内战中被人砍断了系冠的缨，为了避“落冠”之耻，恪守“君子死，冠不免”的信条，在战场上“结缨而死”。衣冠是身份的象征，如果无故而不着冠，则被视为“非礼”的行为。《晏子春秋·内篇杂上》记载：“景公正昼，被发，乘六马，御妇人以出正闺。刖跪击其马而反之，曰：尔非吾君也。景公惭而不朝。”齐景公披发不冠，欲出宫门，而被受刖刑的看门人所讥讽，以至于惭愧地不敢上朝。

笄礼是古代汉族女子的成人礼。女子未成年时，把头发分在两侧做成髻，长至一定年龄则行笄礼。行笄礼，即将头发盘至头顶作髻，再插上笄。《礼记·内则》记载：“十有五年而笄”。郑玄注：“女子许嫁，笄而字之，其未许嫁，二十而笄。”已许嫁的女子，行过笄礼之后，即使平常在家也须插上发笄，作为成人装饰。《礼记正义·杂记下》记载：“谓既笄之后，寻常在家燕居，则去其笄而鬈首，谓分发为鬌紒也。此既未许嫁，虽已笄，犹为少者处之。”未有许嫁的女子，在年满 20 岁时，也要为其举行笄礼。所不同的是，未许嫁的女子加笄后，平常居家时要去掉笄，仍恢复原来未成年人的发式。

纳西族、普米族和摩梭族等民族的男孩、女孩都穿着棉布或麻布的长衫，等到了十三岁前后，为男子举行“穿裤礼”，为女子举行“穿裙礼”，以更换服饰作为成年的标志。云南金平县的瑶族女子，在幼年时戴帽或包头帕；到了十六七岁时便要举行“顶板”成人礼。先用细绳把眉毛绞光，再将一个由直径约 5 寸的笋壳或薄圆板蒙上白布制成的头饰戴在头上，周围搭一块布头帕，作为女子成年的标志。少男少女们以换着成人服饰来宣示自己的成人，从而在族群中获得成人的地位和权利。

三、成人礼象征着生命的重生

成人礼往往通过在仪式对象的生命历程中划出一段从一种生命状态过渡到另一种状态的生命区间，也就是仪式的“阈限”，来作为生命再生前的一种自然状态。这一阈限对此前构成一种区分和隔断，对于此后来说，则视为成人资格的获得，代表生命的一种转换和新的开端。如我国云南瑶族男子成人礼“度戒”的程序之一“栽奢”，就是模拟人出生的过程，象征度戒者的“生命”的重生，获得了灵魂。度戒时，度戒者全身蜷曲，两手交叉紧扣膝盖，将头置于两膝之间，从高台一滚而下，落入下面拉起的大网中，意味着度戒者脱胎换骨，从天而降，落入地母之腹。在这一过程中，有一个男子化装成女人，手抱婴儿站立在网旁，象征度戒者得到再生，从原来的“一块生肉”得到了生命的灵魂，度戒者作为一个生命个体在此仪式后得到了承认。印第安人曼旦部落的受礼者要由祭司在身体上割出口子，以便用钩子勾住皮肉，钩上悬挂盾牌，再用绳子绑住钩子吊起来，悬挂在一根柱子上。受礼者赤裸着身体，手中拿着巫术袋。悬挂完毕，随从将他旋转起来。受礼者会因旋转而虚脱，此时一个旁观者高呼：“死了!”然后把他弄下来放在地上，无人理睬，一直躺到真的死去或苏醒过来。如果死去，就被认为是神带走了；如果苏醒，就被认为是神使他重生。

杨宽先生通过对易洛魁族成人礼的研究，总结出成人礼所给予易洛魁族成员的十项权利和义务：(1) 选举世袭酋长及普通酋长的权利。(2) 罢免世袭酋长及普通酋长的权利。(3) 遵守在氏族内禁止婚姻的义务。(4) 氏族成员死亡者遗产继承之相互的权利。(5) 援助、防卫及复仇的相互义务。(6) 对于氏族成员命名的权利。(7) 收养外人为氏族成员的权利。(8) 有权参加宗教上的共同仪典。(9) 有权葬于氏族公共墓地。(10) 有权参与氏族会议。这一总结较为全面地概括了成人礼对于仪式对象的人生意义，也说出了成人礼之所以曾经流行于各民族间的缘由。我们从民俗学的角度解析成人礼可以发现，它不单影响一个人的称谓、社会地位、权利和义务、服饰、婚礼、丧礼，以及象征生命的重生，同样对其他方面也有重要影响。另外，成人礼作为一项重要的人生过渡仪式，同样也是一种古代传统的教育仪式，它对国民的成人意识的形成、伦理道德的培养、行为举止的训练方面有积极意义。成人礼作为一项前人留给我们的重要文化遗产，对于今天的国民教育、社会移风易俗来说，都是一种值得挖掘和借鉴的文化资源。

（资料来源：牛素红：《成人礼对人生意义的解析》，载《内蒙古民族大学学报》，2010 (3)。）

第三章　传统社交礼仪

○ **知识目标：**

了解传统社交礼仪有哪些内容。

知道古代社交礼仪与现代社交礼仪的区别。

○ **能力目标：**

理解古代社交礼仪中蕴含的深刻内涵。

能把古代社交礼仪内化到自己平时的社交活动中去。

第一节　交际的基本方式

交际的基本方式，也就是传递信息的基本符号，大致上归纳起来，不外乎是语言、身体姿势和文字这样三大类。表现在传统的交际礼仪中，则主要是指称谓、相见礼，以及各种柬帖、信函和有关的礼仪文字。本节我们主要讨论称谓和相见礼两个方面的内容。

一、称谓

人际交往，必须先要称呼对方。称呼得体，双方首先产生了好感，下一步交际才有可能继续进行下去；称呼不得体，就有可能得罪对方，造成隔阂，势必不利于交际。古代称谓十分丰富而繁杂，总体上可以划分为亲属称谓和社交称谓两大类。在上述两大类的基础上，由于语境的不同，又可以变化出许多称谓来，一般称之为语境称谓。

亲属称谓是称谓的母体，又可包括父系、母系、姻系、类亲属等几种。其中父系是主要的。传统社会中所说的“九族”，一般是指自己的父亲、祖父、曾祖、高祖四代，自己的儿子、孙子、曾孙、玄孙四代，加上自己，共九代。每一代成员的配偶也属于九族之类。母系则指母亲娘家的亲属，一般向上推三代，向下推三代，中间则指母亲的兄弟姐妹。姻亲是因为男女双方缔结姻缘后，对各自配偶家族的称谓，比如丈夫对妻子的父母称岳父、岳母；对妻子的哥哥称内兄；妻子对丈夫的父母称舅、姑，后世又改称公公、婆婆，等等。

社交称谓又称为非亲属称谓，具体来说，就是在亲属之外的人际交往中所使用的称谓。由于官阶、职位的高低不同，历来就有着十分复杂的称谓。由于社会分工的不同，诸行百艺、三教九流，又有着各种不同的称谓。再就是师生之间、同学之间、朋友之间、乡邻之间、主客之间，都有着一系列的称谓。

所谓语境称谓，其实就是由于交际环境的不同、说话人与被称呼人之间地位关系的不同，或是由于说话、文字的前后连接所形成的语境不同，人们随机应变，对上述的亲属称谓和社交称谓加以变化使用而出现的一种称谓变体。大致上又有尊称、谦称、婉称、昵称、谑称、贬称等类，其中尤以前面两类使用得最多。

尊称，是从尊敬别人的礼仪原则出发而形成的一种称呼习惯。传统社会里，称呼对方几乎不用“你”，北京人遇见平辈，则称“您”，一般情况下则都用代称。古代常见的“子”“公”“君”“卿”等，都与后世所用的“您”相仿。比如“孔子”“朱子”都是尊称。君王称臣下，则用“卿”“爱卿”。对有知识、有名望的人称“君”“先生”。对老人称“老人家”“老丈”“阿公”。对年轻男子称“郎”“郎君”。与关系较密切的人交往，尊称更多，按对方年龄、辈分、性别的不同，分别用“尊兄”“仁兄”“贤弟”“贤妹”“贤侄”“世叔”“年伯”等称谓。或尊称“阁下”“足下”。称呼对方的亲属也要加尊称，如称对方父母为“令尊”“令堂”；称对方妻子为“尊夫人”；有时称“嫂夫人”，则又有了些亲切感。[①]

古人有名有字，称呼上也有讲究。平常交往，对人称字，表示尊重；如果直呼其名，则有羞辱之意。《颜氏家训·风操》中记载：“名以正体，字以表德。”因此，古人要自称名，以表示谦虚，例如诸葛亮自称亮。尊者对卑者也称名，例如君对臣、父对子。而对平辈或尊辈则要称字，不能直呼其名。古人不能自己称字，否则就是“表德”了。如诸葛亮称鲁肃为子敬、称关羽为云长等。在古代，直呼其名是非常不礼貌的。1929年蒋介石会见国立安徽大学校长时问道：“你是刘文典吗?”刘应声回答：“字舒雅，文典只是父母长辈叫的，不是随便哪个人叫的。”[②]

避讳，也是对人表示尊重的礼俗，又分国讳、私讳两种。国讳是指全国人都要避的讳，皇帝以及皇帝的祖、父、皇太子等的名字都不可直接说出和写出，甚至连同音

① 顾希佳：《礼仪与中国文化》，266页，人民出版社，2001。
② 刘兆吉：《刘文典先生逸闻轶事数则》，载《中华读书报》，2002-12-18。

字都得避开。一旦触犯，甚至会招来杀身之祸。私讳则是某个家族里的避讳，当与这个家族交际时就要注意，否则也是失礼。《礼记·曲礼上》云："人竟而问禁，入国而问俗，入门而问讳。"

谦称，是对自己以及与自己这方面有关的人与事的称呼，主要是表示自谦。古人在称呼自己时根据身份的不同，可以用"鄙人""在下""小可""不才""愚兄"等，可以用单个字说"仆"。朋辈间则称"愚兄""劣弟""小弟"等。大臣们在君主面前可以说"臣""微臣"，甚至说"奴才"。诸侯和封建帝王常常自称"孤""寡人"。丫环在主子面前自称"奴婢"。百姓在官员面前自称"小人"。女子谦称自己为"妾身""贱妾"。出家人自称"贫僧""贫道""贫尼"。对别人说自己的长辈和兄长，称"家父（家严）""家母（家慈）""家兄"等。对外人称自己的配偶也用谦词，如称妻子为"内子""内人""贱内""拙荆"等，称丈夫为"外子""良人""夫君"等。说自己的姓，称"贱姓"；称自己的住处为"敝乡"；称自己的年岁为"贱庚"；称自己的住宅为"寒舍"；称自己的作品为"拙稿"；称自己的观点为"拙见""愚意"等。

但值得注意的是，谦称只能由自己来称，别人不能称；敬称则只能由别人来称，自己不能称。为防止闹出笑话，可记住一句话："家大、舍小、令他人"。意思是对待长辈应在称谓前加一"家"字，称呼辈分低的或者年龄小的人，可以加"舍"字；而称呼他人亲属，无论什么人都要在称谓前加一"令"字。这样的称呼方式，就是在如今的社交场合也是十分得体的。

二、相见礼

人们见面时，为了表示欢迎和尊敬而相互行礼，这是人之常情。传统社会特别注重等级区分，相见礼也严格遵循等级区分的原则，主张地位低的人要先行礼，礼要行得隆重；地位高的人答礼在后，礼可以相对轻一些，有时候甚至可以只受礼而不还礼。

说起传统相见礼，人们印象最深的是跪拜。跪拜从何而来，还得先从古人的坐姿说起。古人起初不坐凳椅，一直是席地而坐，直至南宋时才流行起桌椅来。席地而坐时，坐姿大概有三种：一是趺坐，犹如和尚的盘膝而坐；二是箕踞，两腿前伸，全身形状像只簸箕；三是跽，也就是双膝着地，屁股坐在脚后跟上。古人认为箕踞是放纵、傲慢的表示；较多用的是跽坐。平时跽坐可以随便些，腰身微曲，以减轻疲劳；在正规场合则要挺直腰身，称为"正襟危坐"。如果有客人来，原来跽坐着的主人抬起屁股，伸直上身，并把双手向下垂直，以示恭敬，这就是通常所说的跪拜。

跪拜礼又分为许多种。最简便的称为长跪，跽坐着的人把屁股抬起，上身挺直，就成了长跪。根据《周礼·春官·大祝》中的记载，又有“九拜”之说，具体分为稽首、顿首、空首、振动、吉拜、凶拜、奇拜、褒拜、肃拜九种。稽首是在长跪的基础上，头叩在地上并停留较长时间。顿首则是头触地时间很短促，立即抬起。空首是指手至地而头至手，头并不触地。振动犹如后世的打躬加上拱手，仿佛战栗状。吉拜用于祭祀仪式，以头触地。凶拜是先顿首再空首，是行三年之丧的跪拜礼。奇拜是军礼，军人盔甲在身，不便跪拜，先屈一膝，然后空首拜。褒拜是宫廷礼，指拜而不跪。肃拜是最轻的一种，类似鞠躬，身体微倾，双手作揖。

古代女子行礼多用肃拜。到了唐代，武则天称帝时特地制定了女子相见礼，正身直立，上身微倾，两手合拢在胸前，微屈膝，稍作鞠躬虚坐之势，当时称为女人拜。又因为女人在行礼时常口称“万福”，所以后来都把行这种礼称为“拜万福”。

还有一种屈膝的半跪礼，多用在官场上向官员禀告之时。避席也是一种礼节，指为了行礼，特地离开原先的座席站立，然后再拜，以表示格外尊敬对方，称为避席而拜。此外，拜的次数也是一种礼节规范。在民间，通常为四拜；也有八拜的，就比四拜更重些。俗语说“八拜之交”，就多用在民间结义的仪式上。官场上又有一套规矩，明朝朝仪为大臣四拜或五拜，而清代则实行“三跪九叩首”的礼节。清代还盛行请安礼和抱见礼，原是满族礼俗，入关后也相当流行。

站立着行礼又有许多名目，如拱手、作揖、长揖、打躬、叉手、鞠躬等，都值得一提。拱手最简单，双手抱拳举至胸前，身体立直而不前俯。遇见陌生人需要打招呼时都用此礼；尊者向卑者还礼，一般也只是拱手而已。作揖是双手合抱向下按，向对方低头弯腰，多用于迎来送往，客主双方作揖致意，连连不断。揖的礼仪种类有很多，古代有时揖、天揖、特揖、旅揖、长揖之分。长揖比一般的作揖稍微庄重些，先高举手，然后由上而下，上身随之向前倾斜弯下。还有一种打躬，与长揖相仿，只是上身弯曲得更厉害些，犹如今天深深地鞠了个躬，并配合拱手。叉手是唐宋的礼节，用左手紧握右手大拇指，左手小指指向右手腕，右手四指皆直，以左手大指向上，以右手掩其胸，稍离方寸。这种礼节在《水浒传》和“三言二拍”一类的文学作品中常常被提到。再就是鞠躬礼，近现代最为流行，其实古代早就有了。

古人行相见礼，除了讲究动作姿势外，还十分讲究穿戴的仪容，行礼之前总要先正衣冠。古人的戴冠和今人戴帽还有些不同，那时候不戴冠时就会披头散发，很不像样，这是有失身份的，所以行礼前要束发戴冠。已经戴冠的也要正冠。我们在今天的传统戏里，常常可以看见演员的动作里有“正冠”这一程式，说明古人是很注意这一点的。而在另外一些场合，则又必须先脱帽再行礼。清代大臣叩见皇帝时，必须脱下顶戴，然后再叩头。古人穿衣也很讲究，总的原则是不可袒胸露体。说到穿鞋，则有个历史演变的过程。在凳椅未流行、人们习惯于席地而坐的时代里，客人进入堂室是必须要脱鞋的。主人平时在家也不穿鞋，但为了迎接客人，则必须穿鞋。东汉时蔡邕在家时，听说王粲来访，已经到了门口，他慌忙出门迎接，把鞋子都倒穿了，于是在历史上留下了“倒屣迎客”的一段佳话。后来，流行凳椅之后，再脱鞋就反而不雅观了，所以不再脱鞋，但又讲究要穿正，不可趿拉着鞋走路，鞋带要系好，等等。但是在为了表示赔礼请罪的一些礼节中，又有故意摘下帽子，脱去上衣，甚至背着荆条来表示自贬的做法。战国时赵国的老将廉颇向蔺相如“负荆请罪”的故事世代相传，到了《水浒传》里，李逵也有一段向宋江“负荆请罪”的故事，由此可见，这也已经成为一种传统礼仪了。

第二节　拜访与应酬

孔子说：“有朋自远方来，不亦乐乎？”朋友上门拜访，主人总会笑脸相迎。如何登门拜访，又如何接待客人，在传统社会里有着许多礼仪规范。

一、一般性往来

在士大夫阶层中，登门拜访时是先要投递名片的，早期的名片用竹木制成，称为谒，所以拜访又称“拜谒”。有的大人物摆架子，递进名片去他拒不接见，客人要连递三四次，并在名片上写明求见缘由，方才得以接见。至于在平民百姓那里，当然不必再递什么名片。但是作为礼节，也是不可擅自闯入的。一般必得先敲敲门，让主人出来开门，方可进入。例如《礼记·曲礼上》里就有记载：“将上堂，声必扬。户外有二屦，言闻则入，言不闻则不入。”

登门拜访，尤其是初次拜见时，还必须携带礼物，称为贽。《左传·庄公二十四年》云：“男贽大者玉帛，小者禽鸟，以章物也；女贽不过榛栗枣脩，以告虔也。”根据客人身份的不同，带不同的贽。这和后世的馈赠礼物还有些区别，贽主要是用来表示对主人的尊敬，所以成为一种礼仪规范，不可随意而必须遵照严格的等级区分来决定带什么贽礼，否则就会被人批评为有失身份。在拜访结束时，主人一般都会把贽退还给客人，或在回拜时把原贽带去退还。只是尊长可以受贽不退，或是求婚的纳彩礼、学生拜师的贽见礼等，也可不退。

迎接客人，古代有拥彗之礼。彗就是扫帚，客人到了，家中的仆人双手拿着扫帚，躬身在门口迎接，表示家中已经打扫干净了。对于尊敬的客人，还要到郊外去远迎。主客相见，主人要说一些欢迎的套话，诸如“欢迎大驾光临”“有失远迎”，等等。在一些地方，还有燃鞭炮迎接客人的礼俗。历代礼书上，则有关于迎接客人的许多详细的礼节记载。比如说，主人和客人一起进门，每到一个门口都要让客人先进。对于贵客，主人往往侧身相迎，甚至在客人前面倒退着走，把客人引进屋。《礼记·曲礼上》中记载：“凡与客入者，每门让于客。客至于寝门，则主人请入为席，然后出迎客。客固辞，主人肃客而入。”上台阶更有讲究，谁走东阶，谁走西阶，都有一定的安排；主客之间还得推让几次，然后是主人先登阶，客人再登。请客人入座前，主人要拂拭座席上的尘埃，即使座席刚刚擦过，也要象征性地拂拭一下，然后恭敬地请客人入座。座席有尊卑之分，主人得根据客人的身份，恭请客人坐上座。有时候客人觉得按礼自己不该这么坐，又要谦让一番。

客来敬茶，这大概是唐以后开始流行的礼俗。客人就座后，适时端上一杯清茶，以表示对客人的尊重和欢迎。不敬茶会被认为是失礼。第一杯茶一般只斟至三分之二处，民间有“浅茶满酒”的说法。敬茶时要双手奉上茶盏，笑吟吟地说：“请用茶!”客人也应微微欠身，双手接茶，说声：“谢谢!”在许多地方则有“敬三道茶”的规矩。第一道茶，客人略略品尝一下即可放下。第二道茶，茶味充分散发，则可边品边谈，进入拜访的正题。等到主人为客人斟第三道茶时，客人就应该起身告辞了。古代一些达官贵人又有“端茶送客”的规矩。客人起身告辞时，主人要端起自己的茶杯以示欢送。后来有的主人要下逐客令，也举杯作为示意，下人马上会喊一声“送客”，客人就该知趣地离开了。

客人起身告辞时，主人一般都要婉言相留；客人执意要走，主人则应该起身送客，根据与客人的关系不同，主人将客人或送到门口，或送到村口、路口，甚至有“长相送”的。《三辅黄图·桥》云：“霸（灞）桥在长安东，跨水作桥，汉人送客至此桥，折柳赠别。”可见汉代就有送客到灞桥才分手的礼俗。“折柳”后来成为典故，历代吟咏不绝。

回访也是一种礼节。来而不往，非礼也。在送走客人之后，主人也应该在适当的时候去客人家中拜访，又称“回拜”。

二、拜贺庆吊

在传统生活中，当与自己家庭有着密切关系的另一个家庭发生了重大事情，将举行与此相关的典礼仪式时，人们必定会准备相应的礼物前往拜贺庆吊，以示关心，同时也借此进一步联络感情。对方发生的是喜事，则庆贺之，如婚嫁、生育、冠笄、生辰寿诞、上梁乔迁、中举升官、店铺开张等，届时要送贺仪、喜联、喜幛等。对方发生的是凶事，则慰问吊唁，如死亡、灾祸等，特别是对方举行丧礼，前去吊唁时更有许多礼节上的讲究，带去的礼物统称为赙仪。

在一般情况下，举办婚丧一类典礼仪式的家庭也都特别需要亲友在此时能前来拜贺庆吊。家中有了喜事，所谓“人逢喜事精神爽”，本来就十分高兴，需要与亲友分享这种快乐，并且借机炫耀一番，以满足自己的虚荣心，所以格外欢迎亲友上门，届时还要设宴款待，热闹一番。亲友中间，如果以往有些隔阂，存在芥蒂的，正好借着拜贺而一笑了之，重归于好；如果以往走动较少，已经有所疏远的，也可借此加强联络；如果有事相求而一时难以启齿的，那么借着喜宴的氛围向对方提出。人们历来把拜贺喜庆典礼当作人际关系的润滑剂是不无道理的。一直到今天，它的这种功能仍然十分突出。

当家中发生丧事或是遇到灾祸之际，一般来说当事人大多十分悲痛，甚至感到孤立无助，情绪低落，此时也非常需要得到亲友们的慰问和帮助。“一方有难，八方支援”，正是中华民族的传统美德。由此可见，必要的慰问吊唁充满了人情味，对于帮助当事人渡过困难时期可以起到不可忽视的作用，这种精神也是应该继续发扬的。

至于说到拜贺庆吊的具体仪节规范，则由于时空条件的不同而变化无穷，实在不胜枚举。以服饰为例，参加婚礼时总要鲜艳些、华丽些，吊唁时则宜素，不可太过鲜艳；以见面时的客套话、问候语为例，则因人因事因时因地都有所区别，旧时由于不懂礼仪而在这方面闹出笑话来的事例也屡见不鲜。不过我们也不必把这些仪节规范看得过于神秘。总的来说，在这方面我们应该掌握两个原则：一是要有真情实感、真心待人。你去贺喜，就应该真心诚意地去祝贺，只要是真心，在礼物或是礼节上有所欠缺，主人也不会太计较；你去慰问吊唁，确实发自肺腑，对方同样也是会感受得到的。二是要事先做些准备，了解一下当时当地通行的礼仪规范，使自己的言谈举止不至于失礼。典礼仪式的规范经常会有一些变化，又有民族和地域的差别，要每一个人都记得一清二楚，不出任何差错，实在太难。但是只要认真去对待，尊重当时当地的礼俗，尊重主人的意愿，在典礼上多加留神，也就出不了什么大错。

还需要特别指出的是，传统礼仪确实也存在着明显的弊端。早在春秋时期，墨家就对“繁饰礼乐”“厚葬久丧”开展过猛烈的批判。在整个封建社会里，也不断有人提出移风易俗的主张，提倡婚丧礼仪应该节俭，反对奢靡之风。事实上，有关婚丧典礼的排场越搞越大，非但当事人无法忍受，连带着相关的亲友也会因为送不起礼而叫苦连天，更有一些有权有势的人借着举办典礼巧立名目，向人勒索钱物，这已经成为了一种公害。由此可见，婚丧典礼以及家庭中的一系列庆典虽然是个人私事，完全可以“悉听尊便”，但是因为这些典礼总要涉及与之相关的许多人，同时又是维系人际关系的重要的感情纽带，因此它又成为人们所普遍关心的一个社会问题，是移风易俗的重要组成部分。时至今日，这个问题仍引起社会各方面的普遍关注。

三、敬老与尊师

敬老与尊师是中华民族值得引以为豪的传统美德，尤其是有关敬老爱老的传统，更是由来已久。

1. 敬老①

在我国的传统社会里，敬老和“孝”的观念是紧密联系在一起的。人们敬老，首先就是尊敬自己的祖先、自己的父母，也就是对祖先亡灵的祭祀和对活着的父母以及祖辈的赡养和尊敬。在此基础上，“老吾老以及人之老”，再扩大到所有的老人，要求人们像尊敬自己家庭里的老人那样去尊敬社会上所有的老人。

关于老人在社会生活中的重要作用以及敬老的礼仪，《礼记·曲礼上》有过明确的论述：“人生十年曰幼，学；二十曰弱，冠；三十曰壮，有室；四十曰强，而仕；五十曰艾，服官政；六十曰耆，指使；七十曰老，而传；八十、九十曰耄；七年曰悼。悼与耄，虽有罪，不加刑焉。百年曰期，颐。”就是说，人随着年龄的增长而逐渐成熟起来。儒家认为，50岁较为成熟，可以主政；60岁可以指导别人；百岁以后则应该受到后辈的供养。

关于古代敬老养老的礼制，《礼记·王制》中有大段记述，其中就说道：50岁的人可以吃细粮；60岁要有常备的肉食；70岁要为他另外储备一份膳食；80岁可以常吃时鲜货；90岁的人，饮食要常放在他的居室里，外出时也随时能得以供应。50岁可以在家中扶杖；60岁可以在乡里扶杖；70岁可以在国内扶杖；80岁则可以在朝廷上扶杖，对于90岁的老人，天子想去请教也要亲自去他家里，并且要带上礼物。80岁的老人，家中可以有一人不服徭役；90岁的老人，全家不服徭役，以便好好照顾老人。路上与老人同行，年轻人要帮老人挑担、提重物；士大夫阶层的老人，出门要为他安排车马；庶民中的老人，吃饭要有肴馔……从以上说到的这些规定中，我们已经大致可以体会

---

① 顾希佳：《礼仪与中国文化》，292～297页，北京，人民出版社，2001。

到当时社会敬老养老风气的浓郁。

历代帝王也都会做一些敬老的表示。比如年老官员上朝不必步行，可以在宫中乘车轿。年迈官员不辞退而总是让其本人提出申请，皇帝则一再挽留，最后恩准回乡，还得让地方官员按期给其一定数额的退休金。平时，也常常会给老人发放一些粮食、布帛，以改善老人的生活。汉代时，皇帝还举行三老五更之礼，把官员中的耆老当作自己的长辈一样，让他们坐上位，给他们夹菜、敬酒。

这里尤其要提到的是乡饮酒礼。这种礼仪在《周礼·地官·乡大夫》《仪礼·乡饮酒礼》《礼记·乡饮酒义》中早有详细记载，可见周代已形成礼制。此后，历代沿袭，有所衍变，直至明清而不废，可见其生命力之强盛。乡饮酒礼的内容及其仪节，历代有所不同，总的说来是为了在乡里社会中提倡一种敬老尊老的风气，倡导礼教，联络感情，减少摩擦，以求社会秩序的和谐发展。这种乡饮酒礼一般由地方官员主持，一年举行一次或两次。有时候还结合着选拔人才或是欢送乡里的人才赴京考试、上任等内容。被邀请赴宴的都是当地有声望的名流，尤以老人为多，因为在传统社会里，往往只有老人才可能获得很高的声望。当年的乡饮酒礼，60 岁以上的人才有资格坐着，年轻人只能站在边上侍候。为了表示尊老，老人面前的菜肴也不同，年纪越大，面前的菜肴盘数越多。凡此种种，无疑是对民众的一种示范，说明连地方官员都如此尊老，那么在日常生活中每一个人就更应该尊老了。

唐宋以降，或是政府出面，或是作为一种民间慈善事业，各地都曾建有福田院、养济院、普济院、孤老院一类的机构，用来赡养一些无人照顾的孤贫疾老。做法也有所不同，有的是把老人接到那里去集中赡养，照顾饮食起居，使之安度晚年；也有的向老人发放钱粮和生活必需品。这种传统一直被沿袭了下来。

清代，尤其是在康乾盛世时，曾经大做敬老养老的文章。一是借着给皇帝做寿的机会大摆千叟宴，邀请地方上的老人赴京，进宫参加宴会。千叟宴之后，又御赐鸠杖，在全国范围内造成很大的轰动。二是朝廷下诏，给百岁老人赐匾额，建牌坊，称百岁老人为“人瑞”，这种牌坊也就被称为“人瑞牌坊”。这无疑也在社会上起着较大的表率作用。

2. 尊师

在中国古代，很早就已经认识到了尊师的重要性。《尚书·泰誓》云：“天佑下民，作之君，作之师。”把君与师相提并论。荀子则进一步把“天地君亲师”联系在一起。他说：“礼有三本：天地者，生之本也；先祖者，类之本也；君师者，治之本也。无天地，恶生？无先祖，恶出？无君师，恶治？三者偏亡，焉无安人。故礼上事天，下事地，尊先祖而隆君师，是礼之三本也。”荀子把尊师提到了国家兴亡的高度去认识，不能不说是很有战略眼光的。后代儒生大都遵循荀子的教诲，在家中供奉“天地君亲师”的牌位，一刻也不敢忘怀。这种风气还蔓延到了社会各阶层，直至近现代，即使在穷乡僻壤的百姓家中，也常会看到“天地君亲师”的牌位，可见这种观念确实已经浸润到了中华民族的传统之中。“一日为师，终身为父”的俗语同样深入人心。民间称老师，如果是旁人口中说出，称“师傅”；如果是学生口中说出，则称“师父”。他们还把老师的妻子称为“师娘”或“师母”等。这些都说明在传统社会里，人们确实是把自己的老师当成“父亲”一样来尊敬的。人们普遍认识到：父母只是养育子女的身体；而要使孩子们具有一定的知识经验和道德修养，真正学会“做人”，成长为一个有用的人，得靠老师的栽培和教诲。正因为如此，乡里社会同样有着尊师重教的好风气。

历来的尊师礼俗大致又可以分成拜师、侍师、敬师、报师、祭师这样几个方面。

古代学生入学要行拜师礼。值得一提的是束脩礼和释菜礼。孔子说：“自行束脩以上，吾未尝无悔焉。”古人相见，必执贽以为礼。束脩是贽礼中非常薄的一种。脩，就是干肉，一条干肉为一脡，十脡为一束，束脩，也就是十条干肉。学生带了十条干肉去送给孔子，孔子就收下了这个学生，并且认真地去教诲他。束脩礼一直沿袭至明清，虽然后世送的礼物已不尽相同，但人们却始终把送给老师的酬劳称为束脩。

释菜礼有两种说法。《礼记·月令》记载：仲春之月“命乐正习舞、释菜”。《礼记正义·王制》记载：“春入学，舍采合舞。”舍采，即释菜，似可理解为古代读书人入学时以苹、蘩这一类的菜来祭祀先圣先师的典礼。《明会要·先师孔子》记载：“古者，士见师以菜为贽。”说明学生入学时是拿着菜作为见面礼的。

可见，在传统社会里，学生入学要向老师送礼的礼俗一直没有中断过。直至民国年间，浙江湖州农村还有不少私塾，儿童入学时要身穿新衣，由家长提着灯笼陪同入学，他们还要随带一块红毡毯、一对红烛，备四份礼物：糯米圆子、粽子、酥糖、猪蹄，送给老师。老师又将一部分礼物分给其他学生。学生家长点红烛，让学生在红毡毯上下跪，行拜师礼。一般正中悬挂孔子像，老师则立于一侧答礼。

侍师，是指学生在学习期间对老师的侍奉。在传统社会里，这种侍奉不仅仅指态度上的恭敬，甚至还进一步发展到对老师生活起居的照料。这在《管子·弟子职》中就有详细规定。从老师起床盥洗开始，到吃饭，到夜晚入睡，学生都得在边上恭恭敬敬地侍奉，“朝益暮习，小心翼翼”，这是今天的学生们所无法想象的。

敬师，则主要是指学生对老师的敬重。首先表现在称呼上，称“师父”，称“恩师”，称“再生父母”，都表达出学生的敬意。在行为规范上，也是如此。遇见老师，必得作揖行礼；老师提问，必得起立回答；向老师提问，要举手；老师坐着时学生应该侍立一旁；老师站着，学生就不可以坐；路上相遇，要趋行敬礼，要等老师走过之后再走；老师在场，学生不可以高谈阔论，等等。当然，上述行为规范要做到也并不难，关键还在于学生要发自内心地敬师。

报师，是指学生离开老师之后，如果取得了什么成就，或是遇到老师生日，或是逢年过节，仍要向老师汇报、送礼，表示不敢忘记老师的栽培之恩。

祭师，是指对老师亡灵的祭祀。这首先表现在对祖师的祭祀上，读书人祭祀先圣先师，各行各业也分别祭祀各自的祖师爷。许多地方还家家户户设立"天地君亲师"的牌位。这都在一定程度上增强了人们的尊师意识。此外，凡是老师去世，他的学生都得参加为老师举行的一系列丧葬礼仪。也就是说，学生确实是像对待自己的父母那样去对待老师的，老师活着的时候要恭敬地侍奉他；老师死了，则要像祭祀父母一样地去祭祀他。历史上有许多人都为老师守过孝。按照礼制要求，师生关系不是亲属关系，守孝时不必穿丧服，而只是在心中哀悼，故称为"心丧"。当年孔子逝世，他的弟子心丧三年，才各自离去。

尊师重教，无疑是传统礼仪中闪烁着璀璨光芒的部分。不过我们也必须指出，旧时强调师道尊严，也在一些方面走向极端，成为一种沉重的包袱。古人强调继承师法，不允许学生标新立异。如果学生在学问的探索上提出与老师不同的见解，甚至另立门户，则被认为是"大逆不道"。这在某种程度上扼杀了学生的创新精神，阻碍了时代的发展。

第三节　现代社交礼仪

一、握手礼仪

握手是人们最常见的礼仪，在世界上大多数国家通用。很多人能握手，但不一定会握手。握手的礼仪主要体现在以下四个方面：

1. 握手的主动权

握手的主动权往往掌握在年长者、主人、女士和身份高的人手里。地位相当时，以先伸手为有礼。主人先伸手表示欢迎；年长者或者身份高的人伸手表示愿意结识你、关爱你；女士先伸手表示愿意结识你，大方。如果一方已经主动伸手，另一方必须做出回应，否则会被视为无礼。

2. 握手的方式

握手的标准方式是行至距握手对象约 1 米处，双腿立正，上身略向前倾，伸出右手，四指并拢，拇指张开与对方相握。握手时应用力适度，上下稍许晃动三四次，随后松开手来，恢复原状。

具体来说，握手时应注意以下几个方面的事项：

（1）神态专注。

与人握手时，应当神态专注，热情、友好、自然。在通常情况下，与人握手时应面带笑容，目视对方双眼，同时口中问候。

在握手时，切勿显得三心二意、敷衍了事、漫不经心、傲慢冷淡。如果在此时迟迟不握他人早已伸出的手，或是一边握手，一边东张西望，目中无人，甚至忙于跟其他人打招呼，都是极不礼貌的。

（2）姿势自然。

向他人行握手礼时，只要有可能，就应起身站立。除非是长辈或女士，坐着与人握手是不合适的。

握手时最好的做法，是双方站立，彼此将要相握的手各向侧下方伸出，伸直相握后形成一个直角。

（3）手位适当。

在握手时，手的位置至关重要。常见的手位有两种，即单手相握和双手相握。

单手相握是指与人握手时，手掌垂直于地面。它称为“平等式握手”，表示自己不卑不亢。与人握手时掌心向上，表示自己谦恭、谨慎，这一方式称为“友善式握手”。与人握手时掌心向下，则表示自己感觉甚佳，自高自大，这一方式称“控制式握手”。

双手相握是指用右手握住对方右手后，再以左手握住对方右手的手背。这种方式适用于亲朋故旧之间，可用以表达自己的深厚情谊。一般来说，此种方式的握手不适用于初识者与异性，因为它有可能被理解为讨好或失态。这一方式，有时亦称为“手套式握手”。

双手相握时，左手除握住对方右手手背外侧，还有人以之握住对方右手手腕、握住对方右手手臂、按住或拥住对方右肩，这些做法除非是面对至交，否则最好不要用。

3. 握手的禁忌

握手有如下禁忌：

（1）拒绝他人的握手。

（2）用力过猛。

（3）交叉握手。

（4）戴手套握手。

（5）握手时东张西望。

4. 不宜握手的情况

在以下情况下，不宜握手：

（1）对方手部有伤。

（2）对方手里拿着较重的东西。

（3）对方忙着别的事，如打电话、用餐、主持会议、与他人交谈，等等。

（4）对方与自己距离较远。

（5）对方所处环境不适合握手。

（6）当自己的手不干净时，应亮出手掌向对方示意，并表示歉意。

二、交换名片

在现代社会中，使用名片已成为社交中必不可少的行为方式，初次相见大都会以名片相赠。名片作为一种自我的“介绍信”和社交的“联谊卡”，在人际交往中可用以证明身份，广结良缘，联络老朋友，结交新朋友。在社交中，名片的使用要合乎规范，做到注意场合、慎重选用、不失礼仪，这样才能充分发挥名片的作用。

1. 名片的递送与交换

递交名片要把握好时机，遇到以下几种情况时，需要将自己的名片递交他人，或与对方交换名片：

（1）希望认识对方。

（2）表示自己重视对方。

（3）被介绍给对方。

（4）对方提议交换名片。

（5）对方向自己索要名片。

（6）初次登门拜访对方。

（7）通知对方自己的变更情况。

（8）打算获得对方的名片。

遇到以下几种情况时，不需要把自己的名片递给对方，或与对方交换名片：

（1）对方是陌生人。

（2）不想认识对方。

（3）不愿与对方深交。

（4）对方对自己并无兴趣。

（5）经常与对方见面。

（6）双方地位、身份、年龄差别悬殊。

2. 交换名片的礼仪

与初次见面的人交往时，一定要保持恭敬严谨的态度。

名片的正确拿法是将名片放于手掌上，以大拇指轻轻按住，但不需要太用力。切记不要以手指捏着名片，那是非常失礼的。

职位低的人应先给出名片，这是基本的礼貌，不过假如对方已经先递出名片，就赶快先收下。如果是和对方一起交换名片时，则先递出自己的名片，然后再用双手收下对方的名片。

递出名片时应起身面对对方，且以对方能够阅读的方向递交名片，以右手持名片，但不要压住名字，以左手辅助轻轻地奉上。两手一起奉上则更显慎重。如果以单手轻率地递出名片，极可能会引起对方的不悦。递出名片的同时要念出自己工作单位的名称与自己的名字，如果有难念的字，应该主动告诉对方正确的念法，对方会觉得有亲切感。

交换名片时，手的高度不能低于腰部以下。

如果对方已先准备好名片，而自己因动作缓慢让对方久等，这是相当不礼貌的。当确定对方已准备就绪，应尽快将自己的名片递出。

若是拿着名片行走时，拿着名片的那只手应放于胸前。

3. 收受名片要有礼貌

收受名片的顺序是：以双手承接对方递上的名片，接着应轻轻点头打招呼，并将名片快速浏览一遍，然后可以看着对方的脸说："是××公司的×××先生吗?"这是为了确定对方的姓名与服务的公司。需要注意的是，此时不可拿着名片在对方的面孔旁边比对或是从头到脚打量对方，这是极其没有礼貌且易引起他人反感的行为。

收受名片时应注意以下两点：

（1）当手中拿着其他东西却要收受名片时，必须先放下手中的东西再收受名片，千万不要手上拿着东西的同时收受名片，这会给人以随便的感觉，对方也会觉得自己不受重视。

（2）接受名片时，应拿着名片的边角，以认真的态度看名片上的资料，而不是收到之后就置之不理，塞进袋中。

三、现代公共礼仪

公共礼仪，是指人们置身于公共场合时所应遵守的礼仪规范。它是社交礼仪的重要组成部分之一，也是人们在交际应酬时所应具备的基本素养。

公共场合，又叫公共场所，是指可供全体社会成员进行各种活动的公共空间。例如，街头、巷尾、楼梯、走廊、公园、车站、码头、机场、商厦、卫生间、娱乐场所、邮政设施、交通工具，等等。公共场合最显著的特点是它的公用性和共事性。它为全体社会成员提供服务，是全体社会成员进行社会活动的处所。

学习、应用公共礼仪，应当掌握好三条基本原则。

1. 遵守公德

公德，又称社会公共道德或社会公德，它是人们在长期的社会生活中，根据客观需要形成的，用以维持公共生活秩序，调节人们在公共生活中相互关系的一种约定俗成的行为规范。它以种种秩序、规则维护着社会的稳定和公共场合的良好秩序。公共礼仪从属于社会公德，并且以更为具体的形式和要求对其进行贯彻落实。遵守公德，就是要求人们在公共场合活动时要具有维护社会公德意识，要自觉、自愿地遵守、履行社会公德。不讲社会公德，遵守公共礼仪将无从谈起。

2. 勿碍他人

与私人交际有所不同，当人们置身于公共场合时，或为过客，或为休闲，或为生活需求，不一定非要与其他人打交道不可。而实际上，人们在公共场合所面对的往往也是一些自始至终不会与自己发生正面接触的人。勿碍他人的原则，就是对人们在公共场合面对他人时的行为的具体规范。它的基本含义是：在公共场合，每个人都应当有意识地检点、约束自己的个人行为，并要尽一切可能地自觉地防止自己的行为影响、打扰、妨碍到其他人。

3. 以右为尊

在公共场合，有时有必要排定位置的主次尊卑，以示礼待他人。在排位时，尤其是在排定并排位置的主次尊卑时，以右为尊的原则是普遍适用的。它的含义是，在并排排列的位置上，右侧为尊，左侧为卑；右为上位，左为下位；在多人并排共处时，其位置的尊卑则往往是由右而左，依次递降的。因此，当需要表示对他人的敬意时，应请其居右。当需要表示自谦时，则应主动居左。此为国际惯例，与中国传统的“以左为尊”的排位方式是有所不同的。

典型案例

职场中的聚与距

进公司的第一天，部门经理带我和同事们认识。每个人都对我微笑、握手，气氛暖融融的，让我着实激动了一把。

可没想到经理一走，办公室里立刻露“真容”。经理让小李当我的师傅，带我熟悉业务，可她只顾埋头写计划书，对手足无措的我根本不予理睬。

我天性内向，朋友不多，非常渴望能在集体中找到归属感，获得关注。于是，我下决心改变自己，可越变越让人崩溃。比如我看了许多星座的书，然后专找星座一样的同事聊天，觉得彼此有缘。“徐姐，你好年轻啊，看起来就像三十多岁。”结果人家脸一黑：“我就是三十多岁啊!”我臊了个大红脸。

我非常沮丧，觉得职场人际关系的水好深啊。

我有个亲戚在单位是中层领导，在职场上经历过大风大浪。她说职场中每个人每天跟同事在一起的时间远远超过家人，如果不能和大家和睦相处，日子会过得很灰暗，对事业影响很大。

她说在职场上保持自我个性，不要强行改变自己，不必学交往技巧，那会给人圆滑的感觉。“在职场中真诚最重要。”她建议我说话要讲究分寸，让对方感觉舒服；要学会补台，不要拆台；有成绩时说“我们”，犯错误时说“我”；同事聊天插不上话就微笑倾听，“因为倾听也是一种参与”。

我从小住校，一直不会做饭，但心里非常渴望做大厨。后来我发现和女同事聊烹饪是亲近她们的一个重要途径。只要我咨询红烧肉和各式炒菜的做法，年长的女同事就两眼放光，大谈她们的厨艺和营养观，给我出谋划策，好像是我妈。我暗爽，终于在办公室找到像家一样的感觉了。

年底联欢会时，我为每一位上台唱歌的同事鼓掌。这不是刻意拍马屁，而是因为我五音不全，我觉得每个能唱到调上的都是人才，好羡慕他们。没想到这个友善的举动让大家非常感动，有时我工作中出错了，同事都愿意替我兜着，不向上司汇报。

对不好相处的同事，我会在QQ和邮件上说事或发个短信，事儿就解决了。

既没有争执，还不用看他的臭脸，办事效率颇高。

在职场上要善待每一位同事，但不必拿每一个人当朋友，合则聚，不合则距。

无心之失

某公司新建的办公大楼需要添置一系列的办公家具，价值数百万元。公司的总经理已做了决定，向A公司购买这批办公家具。

这一天，A公司的销售部负责人打电话来，要上门拜访这位总经理。总经理打算等对方来了，就在订单上盖章，定下这笔生意。

不料对方比预定的时间提前了两个小时，原来A公司听说这家公司的员工宿舍也要在近期内落成，希望员工宿舍需要的家具也能向他们购买。为了谈成这笔生意，A公司销售部的负责人提前来了，还带来了一大堆的资料，摆满了台面。总经理没料到对方会提前到访，刚好手边又有事，便请秘书让对方稍等一会儿。没想到这位销售部负责人等了不到半小时就开始不耐烦了，一边收拾起资料一边说："我还是改天再来拜访吧。"

这时，总经理发现对方在收拾资料准备离开时，将自己刚才递上的名片不小心掉在了地上，对方却并没发觉，走时还无意间从名片上踩了过去。但这个不小心的失误，却令总经理改变了初衷，A公司不仅没有机会与对方商谈员工宿舍的家具购买事宜了，连几乎要到手的数百万元办公家具的生意也告吹了。

A公司销售部负责人的失误看似很小，其实是巨大且不可原谅的失误。名片在商业交际中是一个人的化身，是名片主人"自我的延伸"。弄丢了对方的名片已经是对他人的不尊重了，更何况还踩上了一脚，顿时让这位总经理产生反感。再加上对方没有按预约的时间到访，不曾提前通知，又没有等待的耐心和诚意，丢失这笔生意也就不是偶然的了。

阅后思考

1. 你如何理解"职场中的聚与距"？
2. 名片礼仪的重要性有哪些？
3. 你认为现代社交礼仪对自己今后的工作会产生哪些影响？

经典文本

◎礼者，自卑而尊人。

——《礼记·曲礼上》

◎礼尚往来。往而不来，非礼也；来而不往，亦非礼也。

——《礼记·曲礼上》

◎入竟而问禁，入国而问俗，入门而问讳。

——《礼记·曲礼上》

◎若非饮食之客，则布席，席间函丈。主人跪正席，客跪抚席而辞。客彻重席，主人固辞。客践席，乃坐。主人不问。客不先举。

——《礼记·曲礼上》

◎虚坐尽后，食坐尽前。坐必安，执尔颜。长者不及，毋儳言。

——《礼记·曲礼上》

◎男女不杂坐，不同椸枷，不同巾栉。不亲授。嫂叔不通问，诸母不漱裳。

——《礼记·曲礼上》

◎博闻强识而让，敦善行而不怠，谓之君子。

——《礼记·曲礼上》

◎大夫、士见于国君，君若劳之，则还辟，再拜稽首。君若迎拜，则还辟，不敢答拜。大夫、士相见，虽贵贱不敌，主人敬客，则先拜客；客敬主人，则先拜主人。

——《礼记·曲礼下》

◎不以挚，不敢见。

——《仪礼·士相见礼》

◎士相见之礼。挚，冬用雉，夏用腒。

——《仪礼·士相见礼》

◎出迎于门外，再拜。客答再拜。主人揖，入门右。宾奉挚，入门左。

——《仪礼·士相见礼》

◎ 若君赐之食，则君祭先饭，遍尝膳，饮而俟，君命之食，然后食。

——《仪礼·士相见礼》

◎ 主人复见之，以其挚，曰："曏者吾子辱，使某见。请还挚于将命者。"

——《仪礼·士相见礼》

◎ 下大夫相见以雁，饰之以布，维之以索，如执雉。上大夫相见以羔，饰之以布，四维之，结于面；左头，如麛执之。如士相见之礼。

——《仪礼·士相见礼》

◎ 主人戒宾，宾拜辱；主人答拜，乃请宾。

——《仪礼·乡饮酒礼》

◎ 宾东北面盥，坐取爵，卒洗，揖让如初，升。主人拜洗。宾答拜，兴，降盥，如主人礼。

——《仪礼·乡饮酒礼》

◎ 至于郊，王使人皮弁用璧劳。侯氏亦皮弁迎于帷门之外，再拜。使者不答拜，遂执玉，三揖。

——《仪礼·觐礼》

◎ 尊者以酌者之左为上尊。尊壶者面其鼻。饮酒者，禨者、醮者，有折俎不坐。

——《礼记·少仪》

◎ 燕侍食于君子，则先饭而后已。

——《礼记·少仪》

◎ 为人祭曰致福，为已祭而致膳于君子曰膳，祔练曰告。

——《礼记·少仪》

◎ 凡学之道，严师为难。师严，然后道尊。道尊，然后民知敬学。

——《礼记·学记》

◎ 每岁仲冬……试已，长吏以乡饮酒礼，会属僚，设宾主，陈俎豆，备管弦，牲用少牢，歌《鹿鸣》之诗。

——《新唐书·选举志上》

经典故事

1. 张良纳履

良尝间从容步游下邳圯上，有一老父，衣褐，至良所，直堕其履圯下，顾谓良曰：“孺子，下取履!”良愕然，欲殴之，为其老，强忍，下取履。父曰：“履我!”良业为取履，因长跪履之。父以足受，笑而去。良殊大惊，随目之。父去里所，复还，曰：“孺子可教矣。后五日平明，与我会此。”良因怪之，跪曰：“诺。”五日平明，良往。父已先在，怒曰：“与老人期，后，何也?”去，曰：“后五日早会。”五日鸡鸣，良往。父又先在，复怒曰：“后，何也?”去，曰：“后五日复早来。”五日，良夜未半往。有顷，父亦来，喜曰：“当如是。”出一编书，曰：“读此则为王者师矣。后十年兴，十三年孺子见我济北，谷城山下黄石即我矣。”遂去，无他言，不复见。旦日视其书，乃《太公兵法》也。良因异之，常习诵读之。

——《史记·留侯世家》

故事大意：一天，张良闲步下邳桥头，遇一穿着粗布短袍的老翁，这个老翁走到张良的身边时，故意把鞋脱落桥下，然后傲慢地差使张良道：“小子，下去给我捡鞋!”张良愕然，但还是强忍着心中的不满，替他取了上来。随后，老翁又跷起脚来，命张良给他穿上。此时的张良真想挥拳揍他，但见他已久历人间沧桑，饱经漂泊生活的种种磨难，因而强压怒火，膝跪于前，小心翼翼地帮老翁穿好鞋。老翁非但不谢，反而仰面长笑而去。张良呆视良久，只见那老翁走出里许之地，又返回桥上，对张良赞叹道：“孺子可教矣。”并约张良五日后的凌晨再到桥头相会。张良不知何意，但还是恭敬地跪地应诺。

五天后，鸡鸣时分，张良急匆匆地赶到桥上。谁知老翁故意提前来到桥上，此刻已等在桥头，见张良来到，老翁生气地斥责张良道：“与老人约，为何误时？五日后再来!”说罢离去。结果第二次张良再次晚老翁一步。第三次，张良索性半夜就到桥上等候。他经受住了考验，其至诚和隐忍精神感动了老翁，于是老翁送给他一本书，说：“读此书则可为王者师，十年后天下大乱，你可用此书兴邦立国；十三年后再来见我。”说罢，扬长而去。这位老翁就是传说中的神秘人物：隐身岩穴的高士黄石公，亦称“圯上老人”。

2. 汉明帝尊师

上自为太子，受《尚书》于桓荣，及即帝位，犹尊荣以师礼。尝幸太常府，令荣坐东面，设几杖，会百官及荣门生数百人，上亲自执业；诸生或避位发难，上谦曰："太师在是。"既罢，悉以太官供具赐太常家。荣每疾病，帝辄遣使者存问，太官、太医相望于道。及笃，上疏谢恩，让还爵士。帝幸其家问起居，入街，下车，拥经而前，抚荣垂涕，赐以床茵、帷帐、刀剑、衣被，良久乃去。自是诸侯、将军、大夫问疾者，不敢复乘车到门，皆拜床下。荣卒，帝亲自变服临丧送葬，赐冢茔于首山之阳。子郁当嗣，让其兄子泛；帝不许，郁乃受封，而悉以租入与之。帝以郁为侍中。

——《资治通鉴·汉纪》

故事大意：汉明帝自从当上太子，向桓荣学习《尚书》，登基为皇帝后，依旧尊重桓荣以师礼相待。他曾经亲自去太常府（桓荣已封太常）探望，让桓荣坐东面，设置几杖，召百官和桓荣弟子数百人来行弟子礼，汉明帝亲自听讲弟子礼节；诸生离开座位向皇帝提出疑难问题，明帝（指着桓荣）谦让地说："太师在这里。"结束后，汉明帝把太官的供具都赐给了太常家。每次桓荣生病，汉明帝就派遣侍从看望问候，并派太官、太医为桓荣医治。桓荣病重的时候，呈上奏折叩谢皇恩，并辞让交还爵位和官职。汉明帝亲自到他家询问病情，进到他家所在街道就下车了，捧着经书上前，抚摸着桓荣哭泣，赐给他床茵、帷帐、刀剑、衣被，良久才离去。从此后诸侯、将军、大夫来探病的，不敢再乘车到门口，在床前都下拜。桓荣死后，明帝亲自穿上丧服送葬，赐他在首山的东面修筑坟墓。桓荣的儿子桓郁应当继承爵位，想让给他兄长的儿子桓泛；汉明帝不许，桓郁于是接受封赐，而把得到的封邑的收入都给了桓泛。汉明帝任命桓郁为侍中。

3. 吴宓聘请王国维

礼尚往来的传统，在近代社会依然保留着，这里有一个广为人知的故事。1925 年，清华大学决定延聘王国维先生为国学研究院导师。最初，清华大学以校长曹云祥的名义给王国维先生寄送了聘书。吴宓先生认为，对于像王国维这样的大师，以一纸聘书相邀，是不郑重、不诚挚的表现。所以，吴宓先生亲自到王国维先生家中，见到王国维后，先恭恭敬敬地鞠了三大躬，然后才转达校长的聘请之意。王先生见其执礼甚恭，决定应聘，并在不久之后到吴宓先生家回访。吴宓先生熟知传统礼仪，故处事非常得体。

拓展阅读

朱子读书法

古时，逢学校落成或新的学年开始，都要举行隆重而简朴的开学典礼，其内容就是学生们在学校里的水池中采集萍蘩、芹藻等各种水生植物，祭祀先师孔子。师生依次肃拜奠献，祭物虽薄，态度却相当庄重。

据《礼记·文王世子》等古籍记载，这种祭仪早在周代就有了，王都及诸侯国的新学校落成后，以及每年春天贵族子弟入学时，都要采集野菜献祭先圣先师，称为“释菜”或“释采”。《礼记·月令》记：“上丁，命乐正习舞，释菜，天子乃帅三公、九卿、诸侯、大夫亲往视之。”郑玄注：“将舞，必释菜于先师以礼之。”又说明当时举行释菜仪式时，连天子也要亲率公卿和诸侯大臣前往观礼，重视的程度非同一般。

释菜之礼在流传过程中，世人对此仪式的源起又有新的解说，大致内容是：孔子率学生周游列国，一度困于陈蔡之间，七日不食，依然讲颂弦歌不衰。学生们背后发牢骚，子路说：“如此可谓穷矣。”子贡说：“君子之无耻也，若此乎?”

唯有颜回照样认真听课，又采集芹、藻、茆、蘩之类的水生野菜，煮成菜羹，给老师充饥，还驳斥子贡说：老师有道而不能行，是那些当国者的耻辱，怎么能说老师“无耻”呢？孔子表扬颜回说得对，再针对子路“可谓穷矣”的谬论，又讲了一番“君子通于道之谓通，穷于道之谓穷”的大道理，主题是：真正的君子，应该以是否拥有理想抱负等精神财富来衡量穷与通，处境越坏，越要“内省而不疚于道”。同时也婉转地批评了子路等人不该以处境顺逆来判断穷通，更不该因此放弃对老师的信仰与追随。“大寒既至，霜雪既降，吾是以知松柏之茂也”，既表示了对“吾道”终将行于天下的信心，也是对颜回衷心诚意地赞赏。

子路、子贡等人唯唯受教，从此明白了尊师的根本意义在于重道的真谛，只要老师未穷于道，哪怕他处境再艰难，做学生的都应该始终尊敬不怠；像颜回这样，即便是弄一些野菜来，也足以表示尊师重道的一片心意。此后，大家都老老实实地听孔子传道授业，并采摘野菜供老师充饥，直到楚国派出营救人员把他们接走。数年后，孔子带领学生返回鲁国，一直不忘此事，每逢新学年开始时，都要学生先采摘野菜供奉，以此养成他们尊师重道的品性。因为鲁国的学校叫“泮宫”，校内的池塘叫“泮水”，影响所及，后世官学里的水池也都沿用了“泮池”“泮水”的名称，学生用于祭祀先师礼仪的野菜，多是从这里采集的。“泮池跃鲤”说的是清代天津府学泮池中有跃鲤之瑞的故事，读者则可借此设想新学年开始时众学生簇拥在水边争相采集植物的情景。他们的身后，便是奉祀孔子和众先贤的文庙。

释菜之外，还有一系列弘扬尊师重道品德的仪式或规矩，其对象也由“先师”转移为现实生活中的老师。如新生入学，应向老师敬献贽仪，依个人家庭经济状况，“无论薄厚”，借此表示心意。听老师讲课，“出入恭敬，如见宾客”，哪怕是位尊九五的皇帝，也要在这方面做出表率。“改容听讲”说的就是北宋仁宗继承帝位时，还未脱离课堂受业的学生时代，每天都要在崇政殿恭听学士孙奭和冯元为他讲解儒家经典。每逢这位学生左顾右盼、心不在焉，或坐姿不正、神情懈怠时，老师便停止讲课，宋仁宗立即意识到自己的失态，赶快端正态度，认真听讲。皇帝如此尊师，各级官员对为人师者也不敢怠慢，以明清时代的州县官学为例，只要是上面派来了新的老师，地方官“必躬率士子迎礼”，绝对不许有轻视老师或其他傲慢放肆的行为发生，“苟有此风，亟宜正之”。哪怕是在日常生活里，也有“先生将食，弟子馔馈”“先生已食，弟子乃彻”等种种仪节讲究。还有学生主动帮老师做家务、干杂役的。

据说现在有些农村地区，仍有学生将菜蔬放在老师门外以表示尊敬的风俗，有人认为这应该是古代释菜之礼的余韵不衰。夫子闻说，或许要感叹“礼失而求诸野”了。

（资料来源：完颜绍元：《千秋教化》，福州，福建人民出版社，2004。）

礼仪解读：女士为什么不能作揖？

中华礼仪源远流长，在继承传统文化时，应慎重行事，不能凭空臆造。

“揖礼”源于周代以前，距今有3 000多年。传统古礼存留至今，除了“鞠躬”外，恐怕只剩下“作揖”了，只是今天会的人不多，包括电视上那些身着唐装拜年的主持人，一者，男人的手势太随意，有故作风雅之嫌；二者，女人也行作揖礼，不伦不类。

作揖即抱拳拱手，抱拳为左手抱右手，自然抱合，拱手则抱拳在胸前微微晃动，不能过烈过高，施于平辈，这叫“吉拜”，如果右手抱左手，则为“丧拜”。

据《周礼》记载，作揖有土揖、时揖、天揖、特揖、旅揖、旁三揖之分。土揖是拱手前伸而稍向下，时揖是拱手向前平伸，天揖是拱手前伸稍向上举，特揖是一个个地作揖，旅揖是按等级分别作揖，旁三揖是对众人一次作揖三下。此外还有长揖，即拱手高举，自上而下行礼。

根据《周礼·秋官司寇·司仪》的诠释："土揖庶姓，时揖异姓，天揖同姓。"

作揖有时也能表示倨傲，比如《汉书》中记载：郦生"长揖不拜"，表示他对刘邦很不服气。

古代妇女的行礼方式与男子有很大区别，唐宋时期的民间白话小说中有相关记载，妇女相见行礼，往往是口称"万福"。这种礼节要求两手松松抱拳重叠（右手覆左手）在胸前右下侧上下移动，同时略作鞠躬的姿势。这种礼在京津地区，直到20世纪五六十年代依然保存，在年节、祝寿等庄重场合使用。

清代学者段玉裁在《说文解字注》中说，古代女子也行作揖礼，即"左手在内，右手在外，是谓尚右手。女拜如是，女之吉拜如是，丧拜反是。"但是，根据唐宋以后的白话小说，并不支持此种说法。以宋代小说《错斩崔宁》为例，男女相见，男方"深深作揖"，女方则"还了万福"。这说明，当时男女已各行其礼。

清代满族男子向人请安时所行的礼叫"打千儿"，即左膝前屈，右腿后弯，上体稍向前俯，右手下垂，是一种介于作揖、下跪之间的礼节，《红楼梦》第八回中买办钱华就向宝玉"打千儿"，到了20世纪中期，一些满族雇工向东家请安时，依然行此礼。

满族妇女的行礼方式与男子也不相同，是双手扶在左膝，右腿微屈，往下蹲身。很多人认为京剧《四郎探母》中铁镜公主所行之礼即为此礼。

（资料来源：http：www.news.163.com/14/0115/14/9 IKUFR260014Q4P.html。）

谈"左右之分"：右尊左卑

某电视报刊登了一篇文章——《无人能出其左右》，细说了央视体育节目主持人韩乔生报道第21届温哥华冬奥会的那些事。文章称韩乔生已解说冰球赛事200多场，"用他自己的话说'无人能出其左右'"。韩先生的话总是非常有趣，他对"无出其右"的活用过头了，让我想起了"左右"这个题目。

成语"无出其右"，"出"是超过，"右"是上，古代以右为上位。典故出自《汉书·高帝纪下》："贤赵臣田叔、孟舒等十人，召见与语，汉廷臣无能出其右者。"颜师古注："古者以右为尊，言材用无能过之者，故云不出其右也。"

古人以右为尊，所以右还引申为尊尚，表现在众多的称谓方面：高级职位称右职；崇尚武功称右武；崇尚文治称右文；豪门大族称右族、右姓；皇帝的贵戚称右戚；太学称右学，等等。

古人以左为卑的说法更多，官员被贬谪称左迁、左除、左降、左转，白居易《琵琶行》序中就有“元和十年，余左迁九江郡司马”；低于中央政权的官称左官；左顾还是谢人过访的谦词，类似于现在的垂询、垂问；差错，错误称左计，范成大有诗云：“无事闭门非左计，饶渠屐齿上青苔”；不顺、不和，称相左；邪，不正，称左道，不正派的学术流派、宗教派别称旁门左道；左还有“不帮助、反对”“不当、不便”的意思，《左传》有“范宣子曰：天子所右，寡君亦右之；所左，亦左之”，并解释“人有左右，右便而左不便，故以所助者为右，不助者为左”。不知这是不是右尊左卑的滥觞。“右便而左不便”却是常识，人的右手比左手辛苦，习惯用左手的还被称为左撇子，在饭桌上左撇子真的是“左不便”。

不过，在我国，左也有风光的时候，有个成语“稳操左券”，是说古代的契约称券，分左右两片，双方各执其一，左片称左券，由债权人收执，作为索偿的凭证。持左券者有主动权，故对事情有把握常说“稳操左券”。我国在不正常的年代，更是把左捧上了天，越左越革命，右则大为倒霉，甚至谈右色变。

左和右还有多个义项，很多是中性的，如成语“左右逢源”“左右开弓”“左邻右舍”“左思右想”“左顾右盼”，等等，是没有尊卑上下之分的，它们平起平坐。

话题回到韩乔生先生的“无人能出其左右”，那意思就成了：既没有比他强的，他最强；也没有比他差的，他最差——这个评价，着实有趣。

（资料来源：http：//www. huaxia. com/zhwh/wszs/2010/04/1825586. html。）

第四章　古代宴饮礼仪

○ **知识目标：**

了解古代宴会的禁忌。

知道古代宴会的座次安排。

○ **能力目标：**

理解古代宴会礼仪中遵循的原则。

掌握现代宴会礼仪中对古代宴会礼仪的继承和发展。

中华民族五千年的历史创造了辉煌灿烂的饮食文化，而丰富多彩的饮食文化又与千姿百态的宴席是分不开的。宴席是中华民族饮食文化的集中体现。“宴席”最早由“筵席”发展而来。《礼记·乐记》云：“铺筵席，陈尊俎，列笾豆。”汉郑玄注云：“筵亦席也。铺陈曰筵，藉之曰席。”唐孔颖达疏云：“设席之法，先设者曰筵，后加者为席。”由此可见，那时候的筵席本意还不是吃喝，而是指吃喝用的铺具和坐具。“筵席”用竹、苇、草等编织而成。“筵”长大粗糙，直接铺在地上，类似于今天的地毯，根据身份的不同，铺垫不同层次。“席”短小细致，犹如今日的坐垫。古人宴请宾客时，人席地而坐或跪在席上，酒食陈列在席前的筵或几上，一般是一人一席，宴饮在筵席上进行。久而久之，筵席就成为酒宴的专用词。

第一节 礼贤优士的乡饮酒、鹿鸣宴、曲江宴

一、乡饮酒

这是我国历史上流传范围最广、延续时间最长的一种礼仪性宴饮活动。这种活动从周朝起一直延续至清末。根据宴饮参加者的不同和时代变迁，其意义主要有三方面：或侧重于敬贤尊老，或侧重于礼仪教化，或侧重于社交宴饮、联络感情。其中敬贤尊

老是乡饮酒宴的主要内容。

二、鹿鸣宴

鹿鸣宴兴于唐代，是地方官员以“乡饮酒礼”宴请乡试新科举子的宴饮活动。《新唐书·选举志上》记载：“每岁仲冬……试已，长吏以乡饮酒礼，会属僚，设宾主，陈俎豆，备管弦，牲用少牢，歌《鹿鸣》之诗。”鹿鸣指鹿发现了美食，不忘其同类，发出“呦呦”的叫声，呼唤它的同类前来共食。古人认为有美食而不忘其同类是一种美德，因此地方官员宴请新科举子亦是不忘其类的一种举措。宴饮中，奏《鹿鸣》之曲，咏《鹿鸣》之歌，因此，这种宴会又被称为“鹿鸣宴”。

三、曲江宴

这是唐代朝廷赐予新科进士的一种欢宴庆祝活动，始于唐中宗神龙年间，延续至唐僖宗乾符年间，历时大约170年，是我国历史上最著名的室外宴饮活动之一。

曲江宴因设在京城长安东南角的曲江而得名。宴饮过程中，新科进士要拜谢主考官，攀识权贵，结交同年。有时，皇帝还特命御厨制作一些精美的食品送到宴席上，赐给新科进士品尝。撤宴后，新科进士还要泛舟游览池光山色，举行各种娱乐活动，最后前往慈恩寺大雁塔题名留念。

第二节　节日宴饮

各种节日宴饮活动经久不衰，并在品种上不断增加，质量上精益求精，使宴饮逐渐成为许多节日中主要的甚至唯一的活动，从而构成了我国宴饮活动的重要组成部分。

一、春节宴饮

从汉至宋，过年饮屠苏酒是一个古老的习惯。“屠苏”的配方是大黄、蜀椒、桔梗、桂心、防风、虎杖和乌头。饮屠苏酒的习惯一般为先幼后长，逐人各饮少许。因为过年对年轻人而言是增加了一岁，所以先饮酒贺之；对老年人来说，是少了一年，故饮酒在后。春节还有人专饮椒柏酒。

春节宴饮时，古人讲究上一道盛有五辛菜的食物。古人认为食用五辛菜可以发五脏之气，以辟疠气。此外，春节宴饮时还必须上一道鱼菜，鱼菜的重点不在于吃，而在于一种希望和祈盼。“鱼”和“余”同音，岁末吃鱼，是讨“年年有余”的吉利。岁末吃鱼，各地习俗不同。有的地区鱼最后上桌，谁也不吃，意思是这鱼是今年“余”下来的，留给明年；有的地区，鱼摆到桌上，直到宴饮快结束时，人们才象征性地品尝一下，也把它留到明年。

明清以来，南北两地的民间春节宴饮习俗已经有了较大区别。北方多吃饺子。在北方，过年吃饺子是家家户户不成文的习俗，一般在除夕夜间开始制作，赶在零点下锅，取意“岁更交子”。为了讨吉利，饺子馅里放入各种吉祥物，谁吃着便预示有福气。如饺子里包些糖，意味着来年生活甜美；有的包着花生，意味着健康长寿；有的包枣、栗子，意味着早生贵子；还有的包一枚钱币，祝福吃到的人财运亨通。

至今，除夕时家人团聚宴饮仍在全国各地流行。

二、重阳节宴饮

我国有在重阳节这天吃重阳糕的风俗。《荆楚岁时记》云：“民间九月九，以粉面蒸糕，上置小鹿数枚，号‘食禄糕’。”由于重阳节有登高的习俗，而“高”与“糕”同音，所以在重阳节吃糕，含有“百事皆高”的意义。重阳糕的吃法因地而异。江浙一带，在重阳节前把粉染成红色，蒸成糕，赠送亲友，或重阳那天邀乡亲父老前来品尝；中原地区，要把出嫁的女儿迎回家，以示团圆；陕西关中等地，在重阳节的凌晨，父母把花糕切成薄片，搭在未成年的儿女头上，祝愿儿女“百事俱高”，身心健康。

重阳节的另外一个食俗是饮菊花酒。古时的菊花酒是把盛开的菊花连枝带叶一起采下来，和黍米放在一起酿酒，待至第二年的九月九日饮用。由于酒能解除忧虑，菊花能延年益寿，所以喝菊花酒不但能长命百岁，同时也可以避恶、祛除不祥之气。

第三节　婚、寿宴饮礼仪

一、婚礼宴饮

婚礼中最能体现热闹、喜庆气氛的是婚宴。《礼记》中虽说“婚礼不贺，人之序也”，但贺婚为人之常情，自汉以来，相沿成俗。一般婚宴，男女无别，都可参加，只不过因时代、贫富而有所差别。

新婚之际大宴宾客是汉族民间婚俗中的一个重要传统，俗称“喜宴”，赴喜宴又称“吃喜酒”。汉族喜宴不仅讲究排场，而且特别讲究席名的编排和菜名的寓意，一般有“双喜、四全、婚八扣”之说，即要求肴馔成双成对，有全鸡、全鸭、全鹅、全鱼，逢四扣八。全席菜点凑够二十道，谓之“十全十美”。上菜的顺序颇为讲究：一花摆：龙凤呈祥，道明了筵席的目的；四双拼：烤肉卤肚、炙骨白鸡、蜇皮彩蛋、胗山油虾，用以烘托喜庆的气氛；四只带彩的热炒，能激发众宾客的酒兴；六大菜，既把喜宴推向高潮，又把众宾客的美好祝愿借菜托出；再上一道甜汤，寓意新婚夫妇婚后甜甜蜜蜜；最后一道咸汤，既合众人口味，又寓意皆大欢喜。整个喜宴通过美食佳肴来表达喜庆和良好的祝福。

二、寿诞宴饮

寿诞宴饮是人们庆贺生日时举行的一种活动。寿宴因年龄的不同而有所差别。

过生日对青少年来说是件高兴的事。这种礼俗虽然每年都有，也不是人生最重要的礼仪，但它却清晰地记录着青少年成长的脚步。世家大族给小孩过生日时一般要大宴宾客，接受亲友的贺礼，场面宏大。平民百姓家给小孩过生日时，中午要吃面条，称为喝“长命汤”；忌吃米汤、黏粥，认为吃了要糊涂一年。

寿宴一般在 50 岁以后才开始举行，甚至还要晚些。寿宴上除了山珍海味之外，面条是必不可少的，称为“长寿面”。面条又细又长，生日食之，取“长寿”之意，这一风俗至今在我国许多地方还流行。赴寿宴时，贺寿的来客要携带寿礼，如寿桃、寿糕、寿面、寿屏、寿联等。

第四节　座次

宴席的座次是礼仪的重要内容，主要是为了区分尊卑上下。

古时候那种四方的台案有严格的礼节，是要分尊卑主从的。一般来说，面东者尊，位置是留给最尊贵的客人的。《鸿门宴》中就有一段论述：项王留沛公饮，项王东向坐，亚父南向坐，亚父者，范增也，沛公北向坐，张良西向立。在这里，本来东向是尊位，应该是刘邦坐的方位，但项羽霸道，毫不客气地就抢了过来，当时正是项羽踌躇满志的时候。刘邦实力不如项羽，为了向项羽示弱而麻痹对方，索性去坐了卑位。范增老实，规规矩矩地坐了从位，也就是陪客的位置。剩下了一个张良，自己的位置被自己的主公抢了去，剩了一个主位，实在没办法坐，也不敢坐，干脆站着了。

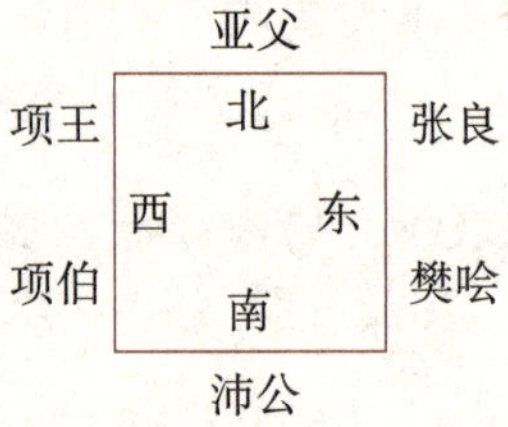

鸿门宴座次

我国古代方桌座次也有讲究，具体见下图所示。

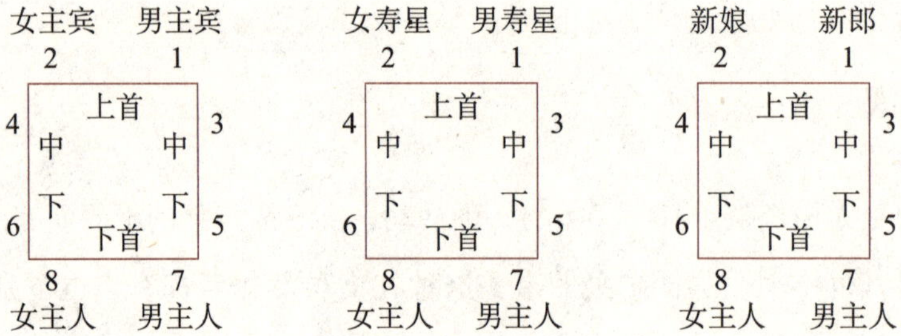

我国古代方桌座次

一般来说，在正式的宴会座次中，强调以右为上，面门为上。在具体安排座位时应考虑以下几点：

（1）以主人的位置为中心。如有女主人参加，则以主人和女主人为中心，以靠近主人者为上，依次排列。

（2）要把主宾和夫人安排在最主要的位置。通常是以右为上，即主人的右手是最主要的位置。离门最远的、面对着门的位置是上座，离门最近的、背对着门的位置是下座，上座的右边是第二号位，左边是第三号位，以次类推。

（3）在遵从礼宾次序的前提下，尽可能要使相邻者便于交谈。

（4）主人方面的陪客应尽可能插在客人之间，以便与客人交谈，避免自己的人坐在一起。

随着时代的发展，隋唐以后，能供多人团坐聚餐的圆桌出现了，于是人们在座次安排上又有了新的讲究。通常来说，圆桌中的座次安排往往根据整个屋子的朝向、室内的装饰风格等来确定，一般将朝向门、采光好或是厅中突出的位置设为首位。

在传统社会里，由于强调尊卑有序，所以一向对座次的排列十分计较，常常因为座次安排的不当而引起矛盾冲突，甚至酿成生杀灾祸。所以在一般情况下，客人就座前总要再三辞让，不敢唐突上坐，生怕引起非议。凡被推让到尊位的人，在入座前也总要对在座的所有人一一拱手致意，表示感谢众人的抬举，然后才可安然入座。一般情况下，客人先入座，主人最后入座。如果是尊长宴请卑幼者，则仍为尊长者先入座，然后卑幼者才入座。

第五节　宴席上的礼仪

宴席上，主人以酒敬宾客，称为“献”；宾客回敬，称为“酢”；主人劝饮，称为“酬”，所以通常把宴饮之礼称为“酬酢之礼”。宴饮时若不陪饮而让客人自酌自饮，会被人指责为失礼。当宾客很多，主人无法分身时，每桌都得安排一个人代表主人陪饮，好让客人吃好喝好。旧时富豪之家还会叫来艺人在旁演唱，以助酒兴。

有关宴饮时的行为规范，许多礼书上都有过详细的记载。《礼记·曲礼上》中就提到：带骨的肉要摆在左边，切好的大块肉要摆在右边；饭摆在左边，羹汤摆在右边；细切的烤肉摆远些，酱醋摆近些；和别人一起吃饭，不要只顾自己吃饱；要把手洗干净，不要把手中的剩饭放回容器之中；不要不停地喝酒；不要发出难听的声响；不要大口喝汤以至于汤水从嘴角流出来；不要啃骨头；不要当众剔牙……可以说达到了不厌其烦的地步。不过仔细分辨，其中也含有不少合理的成分。

典型案例

应聘工作先过“饭局”关

“大家都别走，等会儿我们一起吃个饭，增进一下了解。”几天前，小林和其他四名应聘者参加某公司的招聘面试，正当四人面试完准备离开时，人事部经理发出了饭局邀请。

饭局开始，菜不错，公司领导也很热情。四位应聘者望着偌大的包间有些不知所措。小林挑了靠门的位置坐下："这里是上菜位，今天我给大家服务啊！"上菜了，其他三位应聘者的胃口似乎都很小，大都闷头吃菜，也不愿意喝酒，唯恐自己吃多了喝多了，给公司领导留下不好的印象，工作没有了希望。

小林却有些"外向"，他先跟在座的每位打了个招呼，接着向大家介绍了自己。看见大家吃得很沉闷，他还提议大家讲讲笑话。

在小林看来，这个饭局并不是那么简单，他听说有些单位招聘公关人员时会让应聘者参加饭局，趁机考察他们的交际能力。他想今天这场饭局大概也是一场"考验"。饭后，招聘单位负责人告诉大家，刚才设的饭局也是招聘面试的一部分。闻听此言惊讶写在了每个应聘者的脸上。人事部经理表示，小林被录取了。据一位姓金的负责人透露："第一轮面试时四位同学的水平不相上下，难以取舍。刚好临近吃饭时间了，于是就有了通过饭局进一步考察应聘者的想法。小林在饭桌上的表现虽然稚嫩，但他正努力地调动气氛，希望打破沉闷。我们需要的正是这种意识。"

应聘者小蒋说："没想到吃个饭，还有这么大的礼数。"

现代社会需要复合型人才，包括与人沟通交际的能力。企业在招聘面试中加入交际能力的考察，或许能更加全面地了解应聘者到底能适应怎样的工作。

（资料来源：http：//www.edu.zjol.com.cn/05edu/system/2008/05/16/009519244. shtml。有改动。）

吃相太难看影响全局

某国际贸易有限公司项目主管郝先生说：

"我带的那个小伙子过了三个月试用期后，我们基本上对他还是挺满意的。之后正逢一个挺大的项目要开展，公司里人手有点紧，于是我想不如让他锻炼锻炼，和我一起去见见大客户，也好上手快一点。虽然这一举措有点冒险，但通过几个月的观察考核，我当时还是相信他是可以做好的。没想到，一顿饭的工夫，我就发现这次让这小伙子跟着我真是一个冒失之举了。平时看他挺注重形象的，每天来上班干干净净，做事情稳稳妥妥，遇到紧急的事也没有气急败坏，可是关键时刻却'掉了链子'。那天去见重要客户，上了一家很高级的餐厅，其实是我们经常去的地方，但是对于他来说可能是第一次进入这样高级的场所。大家点的都是牛排之类的西餐，我猜想他大概也没接受过什么正规的西餐礼仪方面的培训，除了在饭桌上使用刀叉很笨拙之外，吃相也越来越难看。本身和客户吃饭，主要目的是联络感情、拉拢生意，又不是真的让你去大饱口福的。后来，不知道是不是他吃相的关系，客户给我们下的订单少了将近30%。尽管不能一棒子打死说是他的原因，但是这样的手下带出去真的会让人在一旁擦汗啊。”

无论如何，新人在进入社会之前，职场礼仪多多少少还是应该了解一下的。

阅后思考

1. 如何在宴会中使自己的举止得体？
2. 谈谈宴会礼仪对个人形象的影响。

经典文本

◎ 夫礼之初，始诸饮食。其燔黍捭豚，污尊而抔饮，蕢桴而土鼓，犹若可以致其敬于鬼神。及其死也，升屋而号。告曰：“皋！某复。”然后饭腥而苴孰。

——《礼记·礼运》

◎ 凡进食之礼，左殽右胾。食居人之左，羹居人之右。脍炙处外，醯酱处内，葱渫处末，酒浆处右。以脯修置者，左朐右末。

——《礼记·曲礼上》

◎ 羞濡鱼者进尾。冬右腴，夏右鳍。

——《礼记·少仪》

◎共食不饱，共饭不泽手，毋抟饭，毋放饭，毋流歠，毋咤食，毋啮骨，毋反鱼肉，毋投与狗骨。毋固获，毋扬饭。饭黍毋以箸，毋嚃羹，毋絮羹，毋刺齿，毋歠醢。客絮羹，主人辞不能亨；客歠醢，主人辞以窭。濡肉齿决，干肉不齿决。毋嘬炙。卒食，客自前跪，彻饭齐以授相者，主人兴辞于客，然后客坐。

——《礼记·曲礼上》

◎每岁仲冬……试已，长吏以乡饮酒礼，会属僚，设宾主，陈俎豆，备管弦，牲用少牢，歌《鹿鸣》之诗。

——《新唐书·选举志上》

第五章　中国传统节日习俗

○ **知识目标：**

了解我国的古代传统节日习俗。

知道现代传统节日存在的陋习。

○ **能力目标：**

理解我国古代传统节日习俗的文化内涵。

思考传统节日习俗如何能适应新的时代发展。

第一节　春节

春节代表着新的开始与新的希望，是中国民间传统中最为隆重和盛大的节日。历朝历代，无论是达官显贵，还是贩夫走卒，所有的中国人都把春节看作喜庆团聚的好日子。

春节古称元旦。根据民间习俗，从腊月二十四起到新年正月十五闹元宵止都称春节。现在春节的庆祝活动一般从大年三十（二十九）开始。春节期间，家家户户清扫一新，贴春联、贴年画、守岁、放鞭炮、拜年等，活动丰富多彩。

扫尘：每年从农历腊月二十三日起到除夕止，我国民间把这段时间称做“迎春日”，也称“扫尘日”。扫尘就是年终大扫除，北方称“扫房”，南方叫“掸尘”。每逢春节来临，家家户户都要打扫环境，清洗各种器具，拆洗被褥窗帘，洒扫前庭后院，掸拂尘垢蛛网，疏浚明渠暗沟，到处洋溢着欢欢喜喜搞卫生、干干净净迎新春的气氛。

贴春联：春联也称门对、春贴、对联、对子、桃符等，它以工整、对偶、简洁、精巧的文字描绘时代背景，抒发美好愿望，是我国特有的文学形式。每逢春节，无论是城市还是农村，家家户户都要精选一幅大红春联贴于门上，为节日增加喜庆气氛。这一习俗源于宋代，明代开始盛行，到了清代，春联的思想性和艺术性都有了很大的提高，梁章矩编写的春联专著《楹联丛话》中对楹联的起源及各类作品的特色都作了论述。春联的种类比较多，依其使用场所，可分为门心、框对、横批、春条、斗斤等。“门心”贴于门板上端中心部位；“框对”贴于左右两个门框上；“横批”贴于门楣的横木上；“春条”根据不同的内容，贴于相应的地方；“斗斤”也称“门叶”，为正方菱形，多贴在家具、影壁上。

贴窗花和倒贴“福”字：在民间，人们还喜欢在窗户上贴上各种剪纸——窗花。窗花不仅烘托了喜庆的节日气氛，也集装饰性、欣赏性和实用性于一体。剪纸在我国是一种很普及的民间艺术，千百年来深受人们的喜爱，因它大多是贴在窗户上的，所以也被称为“窗花”。窗花以其特有的概括和夸张手法将吉祥事物、美好愿望表现得淋漓尽致。在贴春联的同时，一些人家要在屋门上、墙壁上、门楣上贴上大大小小的“福”字。春节贴“福”字是我国民间由来已久的风俗。“福”字指福气、福运，寄托了人们对幸福生活的向往，对美好未来的祝愿。为了能更充分地体现这种向往和祝愿，有的人干脆将“福”字倒过来贴，意寓“幸福已到”“福气已到”。民间还有将“福”字精描细做成各种图案的，这些图案有寿星、寿桃、鲤鱼跳龙门、五谷丰登、龙凤呈祥等。

办年货：一到腊月，人们都要上街采办过年的物品，如买年画、准备过年的春联等。

吃团年饭：团年饭意为一家团圆。腊月的最后一天要全家团聚吃一顿丰盛的年饭。凡家中在外地工作或学习的家人都会尽可能赶回家团聚。这顿饭要吃得欢欢乐乐，菜肴吃食也具有吉利的象征意义，如鱼（年年有余）、整鸡（大吉大利）、青菜（清洁平安）、年糕（年年高）等。吃饭时，不要说丧气的、不吉利的话，不能失手打破碗碟杯盏，不要碰翻椅凳，因为这些都会被视为不吉利的征兆。

守岁：除夕之夜灯火通明，家人围坐在一起畅谈，长辈要将事先准备好的压岁钱分给晚辈，“岁”与“祟”谐音，晚辈得到压岁钱就可以平平安安度过一岁。在我国北方，除夕之夜家家都要包饺子。

鞭炮迎新：“爆竹一声除旧，桃符万户更新。”古代燃放鞭炮是为了驱鬼祛邪，而如今则表示节庆欢乐。

拜年：新年伊始，人们走亲访友，登门拜年互致节日祝贺，联络感情。拜年的习俗各地并不相同，但一般初一上午不走亲访友。出去拜年要穿戴整洁。出门遇到熟人、朋友要恭贺新年，说些吉利话。即使是遇见平时与之开惯了玩笑的人，此时也不宜随便开玩笑。见到长辈要行拱手礼，走亲访友要携带礼物。

民间互访拜年的形式，根据彼此的社会关系，大体可以分为以下四类：

第一，走亲戚性的拜访。初二必须到岳父家，须带礼物。进门后先向佛像、祖宗影像、牌位各行三叩首礼，然后再给长辈们依次跪拜。

第二，礼节性的拜访。如给同事、朋友拜年。这种拜访一般不宜久留，寒暄两句客套话就要告辞。主人受拜后，应择日回拜。

第三，感谢性的拜访。凡一年来对人家欠情的，就要买些礼物送去，借拜年之机表达谢意。

第四，串门式的拜访。对于左邻右舍的街坊，素日没有多少来往，但见面都能说得来，到了年节，最好也要到院里，见面彼此一抱拳说"恭喜发财""一顺百顺"，无甚其他过多礼节。

过年时，招待宾客的食物颇有讲究，通常以谐音讨口彩，比如吃柿子、苹果，喻意"事事平安"，吃年糕，则喻意"年年高升"。

第二节　元宵节

元宵，原意为"上元节的晚上"，因正月十五"上元节"的主要活动是晚上的观灯赏月，后来节日名称也演化为"元宵节"。

元宵节的节期与节俗活动，是随历史的发展而延长、扩展的。就节期长短而言，汉代才一天，到唐代已为三天，宋代则长达五天，明代更是自初八点灯，一直到正月十七的夜里才落灯，整整十天。元宵节与春节相接，白昼为市，热闹非凡，夜间燃灯，蔚为壮观。特别是那精巧、多彩的灯火，更使其成为春节期间娱乐活动的高潮。至清代，元宵节的节庆活动除了赏灯、猜灯谜、吃元宵等活动外，又增加了舞龙、舞狮、跑旱船、踩高跷、扭秧歌等"百戏"内容，只是节期缩短为四到五天。

元宵燃灯：元宵燃灯的风俗源自汉朝，到了唐代，赏灯活动更加兴盛，皇宫里、街道上处处挂灯，还要建立高大的灯轮、灯楼和灯树。唐朝大诗人卢照邻曾在《十五夜观灯》中这样描述元宵节燃灯的盛况："接汉疑星落，依楼似月悬。"

猜灯谜：猜灯谜又称"打灯谜"，是元宵节后增的一项活动，出现在宋朝。南宋时，首都临安每逢元宵节时猜谜的人众多。开始时是好事者把谜语写在纸条上，贴在五光十色的彩灯上供人猜。因为谜语能启迪智慧又饶有兴趣，所以深受社会各阶层的欢迎，后广为流传。

吃元宵：民间过元宵节有吃元宵的习俗。元宵由糯米制成，或实心，或带馅。馅有豆沙、白糖、山楂、各类果料等，食用时煮、煎、蒸、炸皆可。起初，人们把这种食物称为“浮圆子”，后来又称为“汤团”或“汤圆”，这些名称与“团圆”字音相近，取“团圆”之意，象征全家人团团圆圆、和睦幸福。人们也以此怀念离别的亲人，寄托了对未来生活的美好愿望。

迎紫姑：紫姑是民间传说中一个善良、贫穷的姑娘。正月十五，紫姑因穷困而死。百姓们同情她、怀念她，有些地方便出现了“正月十五迎紫姑”的风俗。每到这一天夜晚，人们用稻草、布头等扎成真人大小的紫姑肖像。妇女们纷纷站到紫姑常做活的厕所、猪圈和厨房旁边迎接她，像对待亲姐妹一样，拉着她的手，跟她说着贴心话，流着眼泪安慰她，情景十分生动，真实地反映了劳苦民众善良、忠厚、同情弱者的思想感情。

走百病：一些地方的元宵节还有“走百病”的习俗，又称“烤百病”“散百病”，参与者多为妇女，她们结伴而行，或走墙边，或过桥，或走郊外，目的是祛病除灾。

第三节 清明节

清明节的起源，据传始于古代帝王将相的“墓祭”之礼，后来民间亦相仿效，于此日祭祖扫墓，历代沿袭而成为中华民族一种固定的风俗。本来，寒食节与清明节是两个不同的节日，到了唐朝，将祭拜扫墓的日子定为寒食节。寒食节的正确日子是在冬至后第一百零五天，约在清明前后，因两者日子相近，所以后来便将清明与寒食合并为一日。

扫墓祭祖：中国历史上，寒食禁火，祭奠先人，早已成为习俗。唐朝之后，寒食节逐渐式微，清明节扫墓祭祖成了此后持续不断的节俗传统。唐朝大诗人白居易的《寒食野望吟》诗云：“乌啼鹊噪昏乔木，清明寒食谁家哭？风吹旷野纸钱飞，古墓垒垒春草绿。棠梨花映白杨树，尽是死生离别处。冥冥重泉哭不闻，萧萧暮雨人归去。”宋朝诗人高菊卿也曾于一诗中描写道：“南北山头多墓田，清明祭扫各纷然。纸灰飞作白蝴蝶，泪血染成红杜鹃。日落狐狸眠冢上，夜归儿女笑灯前。人生有酒须当醉，一滴何曾到九泉！”就是到了今天，人们在清明节前后仍有上坟扫墓祭祖的习俗：铲除坟上的杂草，放上供品，于坟前上香祷祝，燃纸钱金锭，或简单地献上一束鲜花，以寄托对先人的思念。

踏青：清明之时，正值春回大地，人们乃因利乘便，扫墓之余亦一家老少在山乡野间游乐一番，回家时顺手折几枝叶芽初绽的柳枝戴在头上，其乐融融。也有的人特意于清明节期间到大自然去欣赏和领略生机勃勃的春日景象，这种踏青也称春游，古代称探春、寻春。清明前后正是踏青的好时光，所以成为清明节俗的一项重要内容。古时妇女平日不能随便出游，清明扫墓是难得的踏青机会，故民间有“女人的清明男人的年”之说。

插柳：清明节是杨柳发芽抽绿的时间，民间有折柳、戴柳、插柳的习俗。人们踏青时顺手折下几枝柳条，可拿在手中把玩，可编成帽子戴在头上，也可带回家插在门楣、屋檐上。谚语有“清明不戴柳，红颜成皓首”“清明不戴柳，死后变黄狗”的说法，说明清明折柳在旧时是很普遍的习俗。据说柳枝具有辟邪的功能，那么插柳戴柳不仅是时尚的装饰，而且有祈福辟邪之效了。清明节插柳植树的风俗习惯，据说是为纪念发明各种农业生产工具并曾“尝百草”的神农氏；另一说是介子推死时所抱的柳树后来复活，晋文公赐名为“清明柳”，并折柳成圈戴在头上，此做法后来在民间相沿成俗。

清明祭祀的相关禁忌：

（1）清明祭祀通常用菊花，因为我国古代把菊花当作寄托之花，有表达思念之情的作用。

（2）扫墓之前最好禁食。祭扫者动身开始扫墓之时，就食素或不吃食物了。祭扫时须衣着整齐，以表达对先人的礼貌和尊重。

（3）因为墓地是阴灵的安居之所，故不可跨过坟墓及供品，不可大声喧哗、嬉笑打骂、污言秽语、乱跑乱碰、随处小便。

（4）清明节忌穿大红大紫的衣服，宜穿素色服饰。

第四节　端午节

端午节起源于中国，最初是中国人民祛病防疫的节日，吴越之地春秋时期以前有在农历五月初五以龙舟竞渡形式举行部落图腾祭祀的习俗，后因诗人屈原在这一天死去，便成了中国汉族人民纪念屈原的传统节日，部分地区也有纪念伍子胥、曹娥等说法。端午节有吃粽子，喝雄黄酒，挂菖蒲、蒿草、艾叶，薰苍术、白芷，赛龙舟的习俗。

挂艾虎：艾虎为旧时端午节驱邪辟祟之物，也作装饰品。中国古代视虎为神兽，认为它可以镇祟辟邪、保佑安宁。《后汉书·礼仪中》有云："虎者阳物，百兽之长，能击鸷牲食魑魅者也。"故民间多取虎为辟邪之用，其中尤以端午节的艾虎最具特色。艾虎或以艾编剪而成，或剪彩为虎，粘以艾叶，佩戴于发际身畔。端午节挂艾虎的风俗已经有千年以上的历史。宋陈元靓《岁时广记》引《岁时杂记》云："端午以艾为虎形，至有如黑豆大者，或剪彩为小虎，粘艾叶以戴之。王沂公《端午帖子》诗：'钗头艾虎辟群邪，晓驾祥云七宝车'。"

画额：端午节时有以雄黄涂抹小儿额头的习俗，据说可驱避毒虫。典型的方法是用雄黄酒在小儿额头画"王"字，一借雄黄驱毒，二借猛虎（"王"似虎的额纹，又虎为兽中之王，因以代虎）镇邪。清富察敦崇《燕京岁时记》载："每至端阳，自初一日起，取雄黄合酒晒之，用涂小儿额及鼻耳间，以避毒物。"除在额头、鼻耳处涂抹外，亦可涂抹他处，用意一致。山西《河曲县志》云："端午，饮雄黄酒，涂小儿额及两手、足心，……谓可祛病延年。"

佩长命缕：长命缕亦称续命缕、续命丝、延年缕、长寿线、百索、辟兵绍、五彩缕等，名称不一，形制、功用大体相同。其俗为在端午节以五色丝结而成索，或悬于门首，或戴于小儿项颈，或系于小儿手臂，或挂于床帐、摇篮等处，俗谓可避灾除病、保佑安康、益寿延年。此类节物的形制大体有五：简单地以五色丝线合股成绳，系于臂膀；在五彩绳上缀饰金锡饰物，挂于项颈；五彩绳折成方胜，饰于胸前；五彩绳结为人像戴之；以五彩丝线绣绘日月星辰鸟兽等物，敬献尊长。此俗始于汉代。以后相沿成习，直至近、现代。其中唐宋时，更有宫廷赐大臣此种节物之事。史载唐代宗兴元元年端午节，宫廷曾赐百索一轴。《宋史·礼志十五》中记载："前一日，以金缕延寿带、彩丝续命缕分赐百官，节日戴以入。"清富察敦崇《燕京岁时记》中记载了当时的风俗："每至端阳，闺阁中之巧者，用绫罗制成小虎及粽子、壶卢、樱桃、桑椹之类，以彩线穿之，悬于钗头，或系于小儿之背。"

戴香包：香包又称香袋、香囊、荷包等，有用五色丝线缠成的，有用碎布缝成的，内装香料（用中草药白芷、川芎、芩草、排草等制成），佩戴在胸前，香气扑鼻。陈元靓的《岁时广记》引《岁时杂记》提及香包："端五以赤白彩造如囊，以彩线贯之，搐使如花形。"以及另一种"蚌粉铃"："端五日以蚌粉纳帛中，缀之以绵，若数珠。令小儿带之以吸汗也。"这些随身携带的袋囊，内容物几经变化，从吸汗的蚌粉、驱邪的灵符、铜钱，辟虫的雄黄粉，发展成装有香料的香囊，制作也日趋精致，成为端午节特有的民间工艺品。

饮蒲酒、雄黄酒、朱砂酒：《荆楚岁时记》中记载："五月五日，以菖蒲（多年生草本植物，生在水边，地下有淡红色根茎，叶子形状像剑，肉穗花序。根茎可做香料，也可入药）或镂或屑以泛酒。"蒲酒味芳香，有爽口之感，后来又在酒中加入雄黄、朱砂等。明谢肇淛《五杂俎》中记载："饮菖蒲酒也……而又以雄黄入酒饮之。"明冯应京《月令广义》中记载："五日用朱砂酒，辟邪解毒，用酒染额胸手足心，无会虺（古书上说的一种毒蛇）蛇之患。又以洒墙壁门窗，以避毒虫。"此俗流传较广。至今，如广西宾阳，逢端午时便有一包包的药料出售，包括雄黄、朱末、柏子、桃仁、蒲片、艾叶等，人们将上述药料浸入酒后再用菖蒲、艾蓬蘸洒墙壁角落、门窗、床下等，再用酒涂小儿耳鼻、肚脐，以驱毒虫，求小儿平安。有的地区还用雄黄酒在小孩额上画"王"字，使小孩带有虎的印记，以用虎辟邪。这些活动，从卫生角度来看，还是有科学道理的。雄黄加水和酒洒于室内可消毒杀菌，饮蒲酒也颇有益于健康。

吃粽子：端午佳节当然少不了粽子这个主角。端午节吃粽子，这是中国人民的又一传统习俗。粽子应该算得上是中国历史上迄今为止文化积淀最深厚的传统食品了。据记载，早在春秋时期，用菰叶（茭白叶）包黍米成牛角状，称"角黍"；用竹筒装米密封烤熟，称"筒粽"。到了晋代，粽子被正式定为端午节食品。这时，包粽子的原料除糯米外，还添加中药益智，煮熟的粽子称"益智粽"。米中掺杂禽兽肉、板栗、红枣、赤豆等，品种增多。粽子还用作交往的礼品。到了盛唐时期，粽子的用米已"白莹如玉"，其形状出现锥形、菱形。日本文献中就记载有"大唐粽子"。宋朝时，已有"蜜饯粽"，即果品入粽。诗人苏东坡有"时于粽里见杨梅"的诗句。一直到今天，每逢五月初五端午节，中国百姓家家户户都要浸糯米、洗粽叶、包粽子，其花色品种更为繁多。从馅料看，北方多包小枣；南方则有豆沙、鲜肉、八宝、火腿、蛋黄等多种馅料。千百年来，吃粽子的风俗在中国盛行不衰，而且流传到朝鲜、日本及东南亚诸国。

赛龙舟：赛龙舟也是端午节的重要活动之一。在湖南汨罗市，赛龙舟前必先往屈子祠朝庙，将龙头供在祠中神龛祭拜，披红布于龙头上，再安龙头于船上竞渡，既拜龙神，又纪念屈原。而在屈原的家乡湖北秭归，也有祭拜屈原的仪式流传。而在广东，龙舟竞渡之前要首先进行请龙、祭神的仪式。赛龙舟作为中国民间传统的水上体育娱乐项目，已流传了两千多年，除了端午节之外，也多在其他喜庆节日里举行。如果从赛龙舟是为了纪念屈原这个说法去理解，它现在已经超越了一项体育运动的范畴，变成了一种中华民族代代传承的精神图腾。

第五节 中秋节

据史籍记载，古代帝王祭月的节期为农历八月十五，恰逢三秋之半，故名“中秋节”；又因为这个节日在秋季八月，故又称“秋节”“八月节”“八月会”“中秋节”；中秋节又有祈求团圆的信仰和相关习俗活动，故亦称“团圆节”“女儿节”。因中秋节的主要活动都是围绕“月”进行的，所以又俗称“月节”“月夕”“追月节”“玩月节”“拜月节”；唐朝时，中秋节还被称为“端正月”。中秋节始于唐朝初年，盛行于宋朝，至明清时，已与元旦齐名，成为中国的主要节日之一。受中华文化的影响，中秋节也是东南亚和东北亚一些国家，尤其是生活在当地的华人华侨的传统节日。虽然同为中秋，但各国习俗不同。

“中秋”一词，最早见于《周礼》，《礼记·月令》上说，仲秋之月“养衰老，授几杖行糜粥饮食。至于中秋节何时固定为八月十五日，历史学家研究认为，中秋节的起源应为大业十三年八月十五日，唐军将领裴寂受圆月的启发而发明了月饼，并广发军中将士作为军饷，成功地解决了因大量吸收反隋义军而衍生的军粮问题。

祭月：《礼记》早有记载“秋暮夕月”，意为“拜祭月神”，逢此时要举行迎寒和祭月仪式。周代每逢中秋之夜都要举行迎寒和祭月，设大香案，摆上月饼、西瓜、苹果、红枣、李子、葡萄等祭品，其中月饼和西瓜是绝对不能少的，西瓜还要切成莲花状。在月下，将月亮神像放在月亮的那个方向，红烛高燃，全家人依次祭拜月亮，然后由主妇切开团圆月饼。切的人预先算好全家共有多少人，在家的、在外地的，都要算在一起，不能切多也不能切少，大小要一样。

赏月：至唐宋时期，赏月之风更盛，也有祭月的仪式。在北宋京师，逢八月十五夜，满城人家，不论贫富老小，都要穿上成人的衣服，焚香拜月说出心愿，祈求月亮神的保佑。南宋时，民间以月饼相赠，取团圆之义。中秋节之夜有一大特色赏月活动称“走月”。皎洁的月光下，走月的人们衣着华美，三五结伴，或游街市，或泛舟河上，或登楼观赏月华，谈笑风生。

观潮：在古代，浙江一带除中秋赏月外，观潮可谓是又一中秋盛事。中秋观潮的风俗由来已久，早在汉代枚乘的《七发》赋中就有了相当详尽的记述。汉以后，中秋观潮之风更盛。明朱廷焕《增补武林旧事》和南宋吴自牧《梦粱录》也有观潮记载。

燃灯：明清时期，民间还有在中秋之夜燃灯的习俗。中秋之夜点的是宝塔灯，主要在南方流行。宝塔灯是由村童捡拾瓦砾搭成宝塔形状的灯。清代苏州村民在旷野用瓦叠成七级宝塔，中间供地藏王，四周燃灯，称为“塔灯”。广州儿童燃“番塔灯”，用碎瓦为之；还有柚皮灯，用红柚皮雕刻各种人物花草，中间安放一个琉璃盏，红光四射。

猜谜：中秋月圆夜，人们往往在公共场所挂着许多灯笼，大家聚集在一起，猜灯笼上写的谜语。这是大多数年轻男女喜爱的活动，在这一活动上传出了许多爱情佳话。

吃月饼：中秋节赏月和吃月饼是中国各地过中秋节的传统习俗。俗话说：“八月十五月正圆，中秋月饼香又甜”。“月饼”一词源于南宋吴自牧的《梦粱录》，那时仅是一种点心食品。到了后来，人们逐渐把赏月与月饼结合在一起，寓意家人团圆，寄托思念。同时，月饼也是中秋时节朋友间用来联络感情的重要礼物。

玩花灯：中秋没有像元宵节那样的大型灯会，玩灯主要是在家庭、儿童之间进行的。北宋《武林旧事》记载的中秋夜节俗中，就有将“一点红”灯放入江中漂流玩耍的活动。中秋玩花灯多集中在南方。如，在佛山秋色会上就有各种各样的彩灯：芝麻灯、蛋壳灯、刨花灯、稻草灯、鱼鳞灯、谷壳灯及鸟兽花树灯等。

第六节 重阳节

重阳节是杂糅多种民俗为一体的汉族传统节日。庆祝重阳节一般包括出游赏景、登高远眺、观赏菊花、遍插茱萸、吃重阳糕、饮菊花酒等活动。

登高：重阳节首先有登高的习俗。金秋九月，天高气爽，这个季节登高远望可使人心旷神怡，达到健身祛病的目的。早在西汉时，《长安志》中就有汉代京城九月九日人们游玩观景的记载。在东晋时，“龙山落帽”的故事中就提及重阳登高。

吃重阳糕：重阳糕又称花糕、菊糕、五色糕，制无定法，较为随意。待九月九日天明时，以片糕搭儿女头额，口中念念有词，祝愿子女百事俱高，乃古人九月做糕的本意。讲究的重阳糕要做成九层，像座宝塔，上面做成两只小羊，以符合重阳（羊）之义。有的还在重阳糕上插一小红纸旗，并点蜡烛灯。这大概是用“点灯”“吃糕”代替“登高”的意思，用小红纸旗代替茱萸。如今的重阳糕，仍无固定的品种，各地在重阳节吃的松软糕类都可称为重阳糕。

赏菊：重阳日历来就有赏菊花的风俗，所以古来又称菊花节。农历九月俗称菊月，节日举办菊花大会，倾城的人潮赴会赏菊。从三国魏晋以来，重阳聚会饮酒、赏菊赋诗已成时尚。在汉族古俗中，菊花象征长寿。

饮菊花酒：菊花含有养生成分，晋代葛洪的《抱朴子》中有南阳山中人家饮用遍生菊花的甘谷水而益寿的记载。重阳佳节饮菊花酒是中国的传统习俗。菊花酒在古代被看作重阳必饮、祛灾祈福的“吉祥酒”。

佩茱萸：古代还盛行重阳节插茱萸的习俗，所以重阳节又被称做茱萸节。茱萸入药，可制酒养身祛病。插茱萸和簪菊花在唐代就已经很普遍。茱萸香味浓，有驱浊湿、逐风邪的作用，并能消积食，治寒热。民间认为九月初九也是逢凶之日，多灾多难，所以在重阳节人们喜欢佩戴茱萸以辟邪求吉，茱萸因此还被人们称为“辟邪翁”。

第七节　冬至

我国古代对冬至极其重视，冬至被当作古代一个大节日，曾有“冬至大如年”的说法。《汉书》中说：“冬至阳气起，君道长，故贺。”人们认为：过了冬至，白昼一天比一天长，阳气回升，是一个节气循环的开始，也是一个吉日，应该庆贺。《晋书》上记载有“魏晋冬至日受万国及百僚称贺……其仪亚于正旦。”说明古代对冬至日十分重视。

冬至过节源于汉代，盛于唐宋，相沿至今。人们认为冬至是阴阳二气的自然转化，是上天给予的福气。汉朝以冬至为“冬节”，官府要举行祝贺仪式，称为“贺冬”，例行放假。《续汉书·礼仪志》中有这样的记载：“冬至前后，君子安身静体，百官绝事，不听政，择吉辰而后省事。”所以这一天朝廷上下要放假休息，军队待命，边塞闭关，商旅停业，亲朋各以美食相赠，相互拜访，欢乐地过一个“安身静体”的节日。唐宋时期，冬至是祭天祭祖的日子，皇帝在这一天要到郊外举行祭天大典，百姓在这一天要向父母尊长祭拜，现在仍有一些地方在冬至这一天过节庆贺。冬至经过数千年的发展，形成了独特的节令饮食文化。诸如馄饨、饺子、汤圆、赤豆粥、黍米糕等都可作为过节食品。

较为普遍的是冬至吃馄饨的风俗。早在南宋时，临安人就在冬至时吃馄饨，开始是为了祭祀祖先，后逐渐盛行开来，民间有“冬至馄饨夏至面”之说。馄饨发展至今，更成为名目繁多、制作各异、鲜香味美、遍布全国各地、深受人们喜爱的著名小吃。馄饨在江浙等大多数地方称馄饨，在广东称云吞，在湖北称包面，在江西称清汤，在四川称抄手，在新疆称曲曲等。

吃汤圆也是冬至的传统习俗，在江南尤为盛行。“汤圆”是冬至必备的食品，是一种用糯米粉制成的圆形甜品，“圆”意味着“团圆”“圆满”。民间有“吃了汤圆大一岁”之说。汤圆可以用来祭祖，也可用于互赠亲朋。旧时上海人最讲究吃汤圆。古人有诗云：“家家捣米做汤圆，知是明朝冬至天。”

北方不少地方有在冬至这一天吃狗肉和羊肉的习俗，因为冬至过后，天气就进入最冷的时期，中医认为羊肉和狗肉都有壮阳补体的功效，民间至今有在冬至日进补的习俗。

经典文本

◎天阶夜色凉如水，坐看牛郎织女星。

——杜牧《秋夕》

◎遥知兄弟登高处，遍插茱萸少一人。

——王维《九月九日忆山东兄弟》

◎爆竹声中一岁除，春风送暖入屠苏。

——王安石《元日》

◎宝马雕车香满路，凤箫声动，玉壶光转，一夜鱼龙舞。

——辛弃疾《青玉案·元夕》

◎柔情似水，佳期如梦，忍顾鹊桥归路。

——秦观《鹊桥仙》

◎平分秋色一轮满，长伴云衢千里明。

——李朴《中秋》

◎万家灯火闹春桥，十里光相照。舞凤翔鸾势绝妙，可怜宵，波间涌出蓬莱岛。香烟乱飘，笙歌喧闹，飞上玉楼腰。

——盍西村《小桃红·江岸水灯》

◎客思似杨柳，春风千万条。更倾寒食泪，欲涨冶城潮。巾发雪争出，镜颜朱早凋。未知轩冕乐，但欲老渔樵。

——王安石《壬辰寒食》

◎碧艾香蒲处处忙。谁家儿共女，庆端阳。细缠五色臂丝长。空惆怅，谁复吊沅湘。往事莫论量。千年忠义气，日星光。《离骚》读罢总堪伤。无人解，树转午阴凉。

——舒頔《小重山·端午》

◎沅江五月平堤流，邑人相将浮彩舟。灵均何年歌已矣，哀谣振楫从此起。
杨桴击节雷阗阗，乱流齐进声轰然。蛟龙得雨鬐鬣动，螮蝀饮河形影联。
刺史临流褰翠帏，揭竿命爵分雄雌。先鸣余勇争鼓舞，未至衔枚颜色沮。

——刘禹锡《竞渡曲》

◎灵均死波后，是节常浴兰。
彩缕碧筠粽，香粳白玉团。
逝者良自苦，今人反为欢。
哀哉徇名士，没命求所难。

——元稹《表夏十首》之十

◎楚人悲屈原，千载意未歇。精魂飘何处，父老空哽咽。
至今沧江上，投饭救饥渴。遗风成竞渡，哀叫楚山裂。

——苏轼《屈原塔》

◎五月榴花妖艳烘。绿杨带雨垂垂重。五色新丝缠角粽。金盘送。生绡画扇盘双凤。正是浴兰时节动。菖蒲酒美清尊共。叶里黄骊时一弄。犹瞢松。等闲惊破纱窗梦。

——欧阳修《渔家傲》

◎露从今夜白，月是故乡明。

——杜甫《月夜忆舍弟》

◎秋空明月悬，光彩露沾湿。惊鹊栖未定，飞萤卷帘入。

——孟浩然《秋宵月下有怀》

◎昔年八月十五夜，曲江池畔杏园边。今年八月十五夜，湓浦沙头水馆前。
西北望乡何处是，东南见月几回圆。昨风一吹无人会，今夜清光似往年。

——白居易《八月十五日夜湓亭望月》

◎中庭地白树栖鸦，冷露无声湿桂花。今夜月明人尽望，不知秋思落谁家?

——王建《十五夜望月寄杜郎中》

◎ 十轮霜影转庭梧，此夕羁人独向隅。未必素娥无怅恨，玉蟾清冷桂花孤。

——晏殊《中秋月》

◎ 明月易低人易散，归来呼酒更重看。堂前月色愈清好，咽咽寒螀鸣露草。
卷帘推户寂无人，窗下咿哑唯楚老。南都从事莫羞贫，对月题诗有几人。

——苏轼《中秋见月和子由》

◎ 年年至日长为客，忽忽穷愁泥杀人！江上形容吾独老，天边风俗自相亲。
杖藜雪后临丹壑，鸣玉朝来散紫宸。心折此时无一寸，路迷何处望三秦？

——杜甫《冬至》

◎ 老去襟怀常濩落，病来须鬓转苍浪。心灰不及炉中火，鬓雪多于砌下霜。
三峡南宾城最远，一年冬至夜偏长。今宵始觉房栊冷，坐索寒衣托孟光。

——白居易《冬至夜》

◎ 黄钟应律好风催，阴伏阳升淑气回。葵影便移长至日，梅花先趁小寒开。
八神表日占和岁，六管飞葭动细灰。已有岸旁迎腊柳，参差又欲领春来。

——朱淑真《冬至》

◎ 冬至一阳初动，鼎炉光满帘帏。五行造化太幽微。颠倒难穷妙理。
遇此急须进火，速修犹恐迟迟。茫茫何处问天机。要悟须凭师指。

——张抡《西江月》

◎ 除夕更阑人不睡，厌禳钝滞迎新岁；小儿呼叫走长街，云有痴呆召人买。

——范成大《卖痴呆词》

◎ 一年滴尽莲花漏，碧井屠苏沉冻酒。晓寒料峭尚欺人，春态苗条先到柳。
佳人重劝千长寿，柏叶椒花芬翠袖。醉乡深处少相知，只与东君偏故旧。

——毛滂《玉楼春·己卯岁元日》

◎ 天地风霜尽，乾坤气象和；历添新岁月，春满旧山河。
梅柳芳容徲，松篁老态多；屠苏成醉饮，欢笑白云窝。

——叶颙《己酉新正》

◎ 萧疏白发不盈颠，守岁围炉竟废眠。剪烛催干消夜酒，倾囊分遍买春钱。
听烧爆竹童心在，看换桃符老兴偏。鼓角梅花添一部，五更欢笑拜新年。

——孔尚任《甲午元旦》

◎ 清明时节雨纷纷，路上行人欲断魂。借问酒家何处有？牧童遥指杏花村。

——杜牧《清明》

◎ 马上逢寒食，途中属暮春。可怜江浦望，不见洛桥人。
北极怀明主，南溟作逐臣。故园肠断处，日夜柳条新。

——宋之问《途中寒食题黄梅临江驿寄崔融》

◎ 风光烟火清明日，歌哭悲欢城市间。何事不随东洛水，谁家又葬北邙山。
中桥车马长无已，下渡舟航亦不闲。冢墓累累人扰扰，辽东怅望鹤飞还。

——白居易《清明日登老君阁望洛城赠韩道士》

◎ 乌啼鹊噪昏乔木，清明寒食谁家哭。风吹旷野纸钱飞，古墓垒垒春草绿。
棠梨花映白杨树，尽是死生别离处。冥冥重泉哭不闻，萧萧暮雨人归去。

——白居易《寒食野望吟》

经典案例

春节假日赌博忙

河北邯郸小伙邹平（化名）最近有点不高兴，“这几天输了快三千块钱了。”原来在小邹的老家，春节有赌博的习惯。

据小邹介绍，过节期间，人们多爱聚到一块“喝喝小酒，打打麻将”，“在家和家人玩，出门和朋友玩，和家人玩的小一点，朋友间就不一定了，一局上百元的也很普遍。”小邹说。

事实上，在我国不少地方春节都有类似的习惯。山西忻州市的小王告诉记者，在他的家乡，春节赌博风气很盛。“麻将、骰子、牌九、扑克，什么都上。”小王说，即便是走亲戚的时候，吃完饭大家还要“支起桌子搓几把”。

山西省社科院社会学所副所长谭克俭表示，春节赌博现象近年有上升趋势。“早些年，麻将、扑克更多是作为娱乐的手段，近年来百姓手里有了余钱，自然要加一些‘彩头’，渐渐形成赌博，甚至越玩越大。”谭克俭表示，春节期间娱乐项目缺失是这种现象出现的根源，尤其是在农村地区，应该组织一些健康的娱乐活动，把人们从酒桌和牌桌上“解放”出来。

阅后思考

1. 自己家乡的春节节日礼俗有哪些？

2. 针对目前的农村春节礼俗现状，你有什么建议？

与其抵制西方圣诞　不如提倡中国传统节日

圣诞节前夜，北京众多茶楼戏院打出“狂欢圣诞节”的招牌，用中国民俗艺术形式欢度西方传统节日圣诞节。

连日来，其他城市的大街小巷也弥漫着浓浓的“圣诞味”，有多个大学在节日前发出倡议书，号召网友慎对“圣诞节”，甚至有网友以“拒绝圣诞”为题发出呼吁。香港《明报》二十五日的社评表示，要使中国的传统文化、传统节日不再受国人冷遇，与其呼吁拒绝圣诞，不如提倡自己的传统节日。

社评表示，这些呼声未必能对年轻一代热衷圣诞节、情人节等西方文化符号的趋势产生实际的影响，却可在一定程度上引起社会对西方传统与现代文化彻底颠覆中国文化状况的关注。

社评表示，随着我国在经济上的长足进步，中国的崛起已经成为全世界广泛谈论、高度重视的现象，但是中国人如果不能在文化建设方面掌握自己的话语权，中国的崛起至少是不全面的。但是，如果因为经济的崛起而产生要在文化方面抗拒西方，甚至否定西方文化的妄自尊大心态，中国人同样难以对世界文化进程的发展做出应有的贡献。

社评称，节日对任何一个国家的人民而言，都是国家历史发展过程中的传统积淀，是民族传统文化的重要组成部分。联名抵制圣诞节的做法，无疑表达了对西方文化彻底颠覆我国传统文化的担心。我国要拥有文化方面的话语权，妄自菲薄和妄自尊大的心态皆不可取，尤其是大可不必对圣诞节、情人节这类西方文化符号说“不”。只要能够有真正尊重自己历史、热爱自己文化的社会氛围，让传统节日重新成为全民族的认同并不困难。

当我国的年轻人越来越热衷于西方传统节日之际，却出现了韩国人将源自我国的端午节向联合国申请世界文化遗产的风波，此举似乎刺激国人猛然反省，认识到自己的传统节日同样可贵，不仅有历史文化价值，还有商业价值和其他影响。

社评指出，要使我国的传统文化、传统节日不再被国人冷待，要想重新找回中国人的文化主体性，与其呼吁拒绝圣诞，不如提倡了解自己传统节日的真谛。

（资料来源：http：//www.ce.cn/xwzx/gjss/gdxw/200612/25/t20061225_9869568.shtml，有改编。）

阅后思考

1. 对于圣诞节、情人节等西方节日，你持什么态度？
2. 面对西方传统节日的冲击，我们应如何回归传统节日？

拓展阅读

中国传统节日的文化内涵

王文章　李荣启

中华民族历史悠久，源远流长，在漫长的历史发展进程中，不仅形成了博大精深的民族文化，而且孕育出了丰富多彩的民族节日。春节、元宵节、清明节、端午节、七夕节、中秋节、重阳节，等等。这些节日久经沧桑，凝聚着历代劳动人民的智慧和情感，以群众喜闻乐见的形式传延不衰，以丰富多彩的民俗文化，令华夏子孙世代陶醉和向往，以约定俗成的民间礼仪，陶冶和锤炼着民族的品格和个性，以欢乐祥和的氛围，弘扬着民族的美德和精神。其传承民族血脉、提升民族精神的价值，强化民族文化心理认同的价值，维系民族团结、社会和谐、家庭和睦的价值，激发与释放情感、协调人与自然关系的价值，是任何文化形式都难以替代的。中华传统文化是我们民族的生存之根、立世之魂、传承之本。我国历代劳动人民创造和传承的传统节日文化，可谓最具活力和影响力、最具民族特色和个性的文化，它集中体现了中华传统文化的核心价值，生动展示了广大民众的精神世界。中国传统节日凝结着中华民族的民族精神和民族情感，承载着中华民族的文化血脉和思想精华，是维系国家统一、民族团结和社会和谐的重要精神纽带，是建设社会主义先进文化的宝贵资源。今天，我们要利用传统节日弘扬中国传统文化，不仅要倡导文明、和谐、喜庆、节俭的过节理念，充实和丰富传统节日的内容和形式，更重要的是要深入挖掘传统节日的文化内涵，使广大民众了解传统节日的源流及其所蕴含的文化精神，唤起国人参与节庆活动的热情，并形成守护精神家园的文化自觉，使中国传统节日成为展示和传播优秀民族文化的重要阵地，成为弘扬和培育伟大民族精神的重要载体，成为满足人民群众精神文化生活需要的重要渠道。中国传统节日的文化内涵是厚重而多彩的，主要体现在如下几个方面。

一、中国传统节日是农业文明的缩影，是先人追求天人和谐的产物

中国传统节日根植于农业社会的土壤中，是农业文明的伴生物，即节日日期的选择与设定是古人依据天候、物候和气候的周期性转换而约定俗成的，都对应着特定的节气和农时。中国是世界上最早步入农业文明的古国之一，早在先秦时期，人们就已经有了“国之大事在农”的观念，并在长期的农耕生活中认识到：人类要生存，庄稼要收成，就必须观察和掌握天象（日月星辰的变化）、物象（动植物随季节而生的变化）和气象（寒暑雨雪的变化）及其规律，顺应天地运行的节奏和气候变化的秩序，合理地计划和安排农业生产及日常生活。为了准确地反映四季气温、降水、物候等诸多方面的变化情况，用以指导人们的生产生活，古人依据太阳在黄道的不同位置，确定出了“二十四节气”。岁时节令一经确立，一些特别的日期就凸显出来，它们作为农耕周期中的关节点，备受先民的重视，每当特定的节气来临之时，都要举行与这个节气相应的仪式和庆典活动，这样，农耕周期便也成了庆典周期。“节”正是对岁时的分节，把岁时的渐变分成像竹节一样的间距，把两节气相交接之时日定为交节，由此转意为节日。

以自然节气的规律性变化为依托的中国传统节日，充分体现了人们尊重自然节律，顺应自然时序，感悟天、地、人“三才”的贯通一气，追求和升华“天人合一”的观念。中国传统节日从时序安排上宛如一条由自然节气生成而贯穿春夏秋冬的“文化链”。春天，大地回暖，万物复苏，春节、元宵节、中和节、清明节等节日接踵而至。

人们在新的一年到来之际，阖家团聚、拜年庆贺、舞龙观灯，尽情欢庆新春的到来；还要祭奠先祖尽孝、寻根踏青赏春、娱乐健身，在慎终追远中享受新春的赐福，准备以饱满的热情投入农耕播种。炎炎夏日，端午节又如约而至。人们佩艾采药、驱邪避毒，凭吊屈原、裹粽竞渡，斗草送扇、归省探亲，以期安度酷夏、消除邪恶。时至秋季，秋高气爽，丹桂飘香，七夕节、中元节、中秋节、重阳节等纷至沓来。沉浸在丰收喜悦中的人们，乞灵巧、放河灯、赏秋月、玩秋菊、登高辞青，以多种方式庆贺丰收、祭奠亡灵、祈福纳祥。严冬降临，瑞雪飘飞，腊八节、小年、除夕是对它最好的迎候。人们忘记了寒冷，扫洒除疫、送灶祭祖、社火游街，欢欢乐乐地团圆守岁，品味着“田增五谷人增岁”的喜悦。四时吉庆的和谐有序、错落有致，集中体现了人与自然的融洽互动。

中国传统节日的设置还体现出了农闲农忙安排有别的特点。从节日在一年四季的分布上看，农闲的冬春两季安排的节日较多，节庆活动内容丰富，且持续的时间也相对长一些；而农忙的夏秋两季安排的节日相对要少，节庆的内容和时间也相对要稍短一些；如中华民族最盛大的传统节日——春节，这个一年中规模最大、持续时间最长、活动内容最丰富的年节，即安排在冬春之际的农闲时节。这样的安排，无疑是农耕社会使然，只有在冬尽春回的农闲之际，辛苦劳作了一年的人们才得以休息娱乐，并有充裕的时间祭神祀祖、阖家团聚。

四季佳节的娱乐庆典和烹饪饮食，也是适时合令、因时而设、应季而生的。如春节的燃放鞭炮、扭秧歌、跑旱船、耍社火、转九曲、逛庙会，的确能给寒冬里的人们增添不少激情和欢乐的气氛。清明节踏青郊游、荡秋千、放风筝，是因为大地回春，万物复苏，满目苍翠，一派生机，正是人们投身大自然享受明媚春色的好时光。端午节赛龙舟，恰是江南水乡汛期未到，而气温已高，宜于水中嬉戏的良辰吉时；中秋节家人团聚，祭月拜月赏月，时值湿气已去，沙尘未起，空气清新，碧空如洗，圆月如盘，可谓是“花好月圆人团聚”的最佳时日。重阳节登高望远、赏菊宴饮，此时正值晚秋，秋风渐劲，寒意渐浓，霜染枝头，云淡山青，适宜人们登高秋游、活动筋骨、陶冶性情，尽享盎然秋意。此外，烹饪食物的多样性也体现了春夏秋冬、朝夕晦明等不同特点。夏秋之时，正是各种水果成熟的季节，此时的节日有中秋节、重阳节等。人们的餐桌上，蜜桃、苹果、石榴、葡萄等各色水果便成了主角。冬春之际，猪羊壮鸡鸭肥，于是春节、元宵节等节日里，各种丰盛的肉食成了人们的最爱。端午时节，粽叶飘香，清香诱人的粽子就成了餐桌上的“当家花旦”。中秋时节，“秋风响，蟹脚痒”，于是螃蟹便成了最受青睐的中秋美食。可见，传统节日的娱乐饮食等诸多节庆民俗，都是与自然保持着一种和谐协调的关系。

“如果说，有些民族的节日体系是以宗教纪念日为核心的话，那么我们的民族传统节日和其他某些民族的传统节日有很大的区别，我们民族传统节日的重要特征在于，这些节日是以协调我们和自然的关系为核心而建立的。”中国传统节日表达了我国各族人民应时而作、张弛有度的自然生活节律和独特的审美心理定式，反映了先秦以来历代人民在社会生活实践中，不断认识和改造自然，追求“天人合一”的理想境界。

二、中国传统节日是中华文化的重要载体，体现着中华文化的丰富性和多样性

从远古走来的中国传统节日，“感自然节律而成，蕴人文精神而丰”。岁月的推移和中华文明的发展，使传统节日不断被多种社会文化因素润泽渗透，有民间传说的嵌入，有宗教活动的影响，有历史人文的大量积淀，有民族智慧、情感、生活习惯的融合等，节庆内容不断得到充实和丰富。如介子推居功不受赏的传说之于寒食节，爱国诗人屈原、忠臣伍子胥、孝女曹娥的传说之于端午节，牛郎织女鹊桥相会的爱情传说之于七夕节等。又如，源于远古“腊祭”的春节，腊月初八先民用五谷杂粮做腊八粥敬祖祭神，是古代“腊祭”的开始。后来，佛教传入中国，各大寺庙纪念释迦牟尼成道日做腊八粥与古代“腊祭”的行事相融合，形成了民间食腊八粥的习俗。中国传统节日以博大的包容性，不断地融汇、积淀、丰富发展，使之成为内涵丰富、多姿多彩的文化形态，成为一面最能反映民族文化的“多棱镜”，它能折射出中华民族独特的风俗礼仪、民间信仰、伦理道德、人文诉求、审美情趣、文学艺术、饮食服饰……由此我们可知，中国传统节日是源自人们生活中的共同需要而通过积淀形成的，并以传统礼仪、仪式、游艺等为重要内容和方式，在特定时空关系中利用相应的物质载体表达思想、信仰、道德、理想等的民众群体活动的日子。

中国传统节日的文化艺术形态是多种多样的，若依据传统节庆的性质和内容对其进行分类，可以将中国传统节日分为：生产类节日、祭祀类节日、纪念类节日、庆贺类节日、社交娱乐类节日、驱邪祛病类节日等类型。虽然各类节日均是围绕着特定的主题而展开的，但在传承发展过程中，又不断渗入新的内容和形式，一个节日中常常包含了多种性质的民俗活动。所以，中国的传统节日如春节、清明节、端午节、重阳节等，大多具有综合性，通常由多个节日主题、多项民俗活动所构成，其丰富的内容也使这些节日承载着更丰富的文化内涵。

中国传统节日文化是一个内容丰富、体系完整的系统，主要包括精神文化层面、行为文化层面和物质文化层面。它们交互作用，彼此依托，构成了中国节庆文化博大精深的独特魅力。

1. 精神文化层面

中国传统节日浓缩着我国数千年文明进程的丰富内涵，集中体现了中华民族优秀的精神风貌，寄托着古往今来中国人的理想情怀，蕴含着人们对美好生活的不懈追求、对大自然的感恩与敬畏、对家庭团圆与世间和谐永恒的企盼。每个传统节日都有其特定的文化内涵与价值：春节是由原始农业社会庆贺丰收的“腊祭”演变而来的，祭神敬祖，表达对大自然和祖先的感恩之情；辞旧迎新，阖家团圆，这是一年一度的春节的主题。春节的一系列仪式礼仪，不仅使民众的生活绚丽多彩，而且显示了以人为本，人与大自然的和谐相处，反映出可贵的自尊、自爱、自信、自强的民族精神，凸显着团圆、祥和、平安、欢乐的精神追求。清明节时，人们通过扫墓祭祖、缅怀英烈先贤，送上一份哀思和敬意，体现了中国人慎终追远、敬祖报本、热爱亲情和友情的道德情怀，并包含着对祖先的感恩、对血脉责任的认同；郊游踏青则体现了中国人哀而不伤、乐而不淫的豁达心态和回归自然、热爱生活，追求“天人合一”的理想人生境界。端午节时，人们纪念屈原，体现了传统价值观对于爱国忧民、清高自守、卓尔不群的理想人格的追求；悬挂艾叶菖蒲、采药制药，在驱邪避毒中感悟祖先遵从自然规律、应对灾疫的生活智慧，传达出民众对生命健康、家庭幸福、国运昌盛的渴望；龙舟竞渡反映着团结协作、奋勇争先的精神。中秋节时，家人团聚，共食月饼，共赏明月，共享天伦，体现出中国人追求家庭团聚、生活祥和、未来美满。

2. 行为文化层面

中国传统节日是各种民俗活动和民间艺术集中展示的平台，这个平台荟萃着祭奠、礼仪、表演、技艺、艺术、体育游戏等丰富多彩的行为文化，构成了一道亮丽的风景线。春节作为中华民族的第一大节，就是各种民俗活动的集大成者。自古春节的祭祀和庆典仪式就十分丰富。就祭祀而言，春节祭祀活动很早就形成了两大祭祀文化传统：一是感念大自然的恩赐而举行的祭祀，如祭祀灶神，是对灶火烧食之功的感念；祭祀土地神，是对大地母亲繁衍万物的回报；祭祀井神、河神，是对生命之水的感恩；对牛、马、鸡等各种家畜的善待和祭祀，则是表达了对帮助人类生存发展的动物们的酬谢，等等。这些祭祀，是中国人一年一度与大自然沟通对话的方式和渠道，是虔诚的追求与自然和谐统一的写照。二是敬仰古圣先贤和宗族祖先而举行的祭祀。慎终追远的尊祖情怀是中华文明的一条重要根脉，在春节这个普天同庆的日子里，家家户户隆重地举行祭祖活动，宗族家长们率领着儿孙虔诚祭拜列祖列宗，感念祖先的恩德，祈祷其“在天之灵庇佑儿孙”，并倾诉出儿孙们的承诺和告慰。这充分体现了中华民族饮水思源、永不忘本的传统精神。春节期间的社交娱乐活动更是丰富多样：团聚、守岁、贴春联、剪窗花、挂年画、放鞭炮、拜长辈、访亲友、逛庙会、观花灯、闹元宵，等等。人们在释放内心情感、满足心理诉求、体味人间温情、享受年节欢乐中，演绎着、传承着、创造着中华民族的节日文化，并净化和提升着亲情、友情。春节也是民间艺术技艺的大展演。在中华民族漫长的年节史中，历代先民发明和创造了数以千计的游戏、艺术、体育的形式和品种，其中既有讲、唱、演，又有游戏、竞技、杂耍等。在春节期间常见的有：社火、戏剧、舞蹈、秧歌、高跷、旱船、舞龙、耍狮、耍猴、杂技、武术、跳绳、打秋千、放焰火、走灯阵、讲故事、说书等，这些多姿多彩的活动，不仅极大地丰富了春节的文化内容和品位，而且使春节的喜庆氛围高潮迭起，使每个人都能尽享这份愉悦身心的欢乐，并在精神上得到极大的放松。恰如有的学者所说："普天同庆的春节的确是对日常平淡生活的一种超越，是中华民族集体的生日，也是最具东方色彩的狂欢节。"此外，围绕年节文化而产生的那些神话传说和民间故事，历代文人墨客创作的诗文佳句，以及流传于民间的有关年节的歌谣和俗语等，也都蕴含着深厚的文化内涵和丰富的民族精神。

三、中国传统节日是民族精神的写照，蕴含着中华传统美德

伴随着农业文明产生和演进的中国传统节日，在协调人与自然的关系中，充分体现了天人合一的文化精神。同时，传统节日在长期的流行和发展中，由于蕴含着历代民众共同的理想和精神追求，又不断吸收和融入儒、释、道等多种有益的文化元素，所以，在中国传统节庆中，凝结着中华民族的民族精神和思想精华，蕴含着值得弘扬的中华传统美德，主要有以下几点：

1. 热爱生命、追求健康的人本精神

天地之间人为贵，以人为中心，人是主导，人追求与万物的和谐，这是我国传统文化以人为本的精神和基调。在年复一年、周而复始、代代相传的传统节日之中，人始终是节日的主体。节庆活动的内容主要是满足人的需要、和谐天人关系、展示人的才艺、进行人际交往。人们在节日中，或阖家团聚、欢庆交流，或探亲访友、男女相会，或祭祀祖先、追念先贤，或结伴出游、踏青赏月，或尊老爱幼、扶贫济困，在普天同庆融融之乐中，追求着人与自然、人与人的和谐。人最可贵的是生命，中国每一个传统节日都体现了对生命的热爱，对健康的追求。几乎每个节日都有群众性的文体活动：春节时舞龙舞狮、踩高跷、扭秧歌；清明节时踏青、赏春、荡秋千、放风筝；端午节时龙舟竞渡、户外秋游；重阳节时登高啸咏，等等。许多节日还有避邪驱瘟、追求健康的内容，如除夕前的除尘送灶，清明节的插柳戴柳，端午节的悬艾蒲、饮雄黄酒，重阳节的佩插茱萸、饮菊花酒等。人们在尽情享受节日的欢娱中，在平安吉祥、健康快乐的美好祝福中，谱写着一曲曲对生命的颂歌。

2. 敬祖孝先、尊老爱幼的传统美德

中华民族对自己的祖先历来有着异常浓厚的感情，《礼记》称："亲亲故尊祖，尊祖故敬宗。""仁义"与"孝悌"是中华民族传统道德的核心，孝悌的基本内容则是父慈子孝、兄友弟恭，并由此推及尊老爱幼等。慎终追远的情怀成为中华文明的一条重要根脉，每逢佳节，人们都要虔诚地祭祀祖先，以表达对祖先的追思和怀念。春节、清明节、中元节等，都有祭祖的仪式和内容，在祭奠与追思中，孕育着后人的感恩之心和责任意识。节庆活动中还处处体现着对长者的尊敬和对幼儿的宠爱，春节给长者拜年，为长辈们送上可心的礼物，节日宴席上对长者座次的优先考虑，为长辈们敬酒祝福；以祈福求寿为重要内容的重阳节，自 1989 年便成为国家法定的"老人节"，尊老爱老已成为节日的新主题。孩童更是节日的宠儿，春节长辈要给"压岁钱"，屠苏酒要从年幼者喝起；端午节要给儿童涂雄黄、佩香囊、戴艾虎；中秋节有儿童喜爱的兔儿爷、流星香球等，这些习俗寄托着人们对后代的祝福与期望。

中国传统节日的文化内涵博大精深，其深厚的文化底蕴已经深深融入历代人的日常生活，滋养着民族的生命力、创造力、凝聚力，推动着中华文化历久弥新，也促进着当代和谐社会的建设。但是，由于历史的局限，传统节日既蕴含着优良的文化因子和宝贵的民族精神，也包含着一些应该剔除的封建因素和迷信糟粕。今天，我们在运用传统节日弘扬民族文化时，应该坚持"扬其精华，去其糟粕"的原则，应该贴近实际、贴近生活、贴近群众，根据时代的发展和国情民意，在继承传统节日文化精髓、保持固有文化底蕴和功能的同时，应该与时俱进地发展传统节日文化，并赋予其新的时代内涵和生命活力，将传统节日熔铸得更加生机盎然、灿烂辉煌，使其成为当代民众由衷喜爱、自觉参与、乐在其中的精神家园。

（王文章，李荣启：《中国传统节日的文化内涵》，载《艺术百家》，2012 (3)，5－9。）

第六章　书信礼仪

○ **知识目标：**

了解古代基本的书信礼仪。

知道古代书信的基本格式。

○ **能力目标：**

理解古代书信礼仪格式体现的内涵。

学会欣赏古代书信，能给自己的长辈和亲人写一封书信。

在日常生活中，古人以“自谦而敬人”为原则，并借助于各种礼仪来体现这一原则。但人们由于种种原因不能见面，只能将情感诉诸笔墨、托诸邮驿时，礼仪依然不可或缺，字里行间，揖让进退之态不仅依然可见，而且显得更为温文尔雅、彬彬有礼，从而形成了富有中国特色的书信文化。

第一节　书信格式

我国的书信史源远流长，战国时期乐毅的《报燕惠王书》、鲁仲连的《遗燕将书》、李斯的《谏逐客书》等，都是千古传诵的名篇。但先秦两汉人书信的形式比较随便。到了魏晋时期，开始有人撰写“书仪”，就是各类书信的格式，以供他人写信时套用。我国历史文化悠久，是有名的礼仪之邦，人们的社会交往和思想感情交流，大多通过一定的礼仪形式和一定的文化活动方式来进行。我国的书信文化经过历代的传承和发展，大体形成了为社会广泛认同的书信格式，一封通常意义上的书信，至少要包含以下几个部分：称谓、提称语、思慕语、正文、祝愿语、署名。由于收信人年龄、身份的不同，写信时所使用的称谓语、提称语、思慕语、祝愿语等也都有所区别，弄错了就会贻笑大方，就是失礼。这套语言相当复杂，本书只能进行略述。

一、敬称

首先我们要谈到书信中必须使用的敬称和谦称，这是我国书信文化最基本的常识，它所要体现的是君子“自谦而敬人”的理念。

敬称是对他人表示尊敬的称呼。敬称的方式很多，比较常见的方法之一，是将古代爵称等转换成敬称。例如“君”，原指天子或者君王，《诗经·大雅·假乐》云：“宜君宜王”，此处的君就是指诸侯。后来，“君”转化为比较宽泛的敬称：称父亲为家君，称已故的祖先为先君，妻子称丈夫为夫君，等等。也可以用作对他人的尊称，《史记·申屠嘉列传》云：“上曰：君勿言，吾私之。”时至今日，君作为尊称的用法在日常用语中依然保留着。

古代有三公、九卿，公、卿也都被用作敬称。如果对方德高望重，可以在他的姓之后加“公”字，称为“某公”，当今中国的知识界仍有这种用法。“卿”用作尊称，先秦时就已出现，如荀况（荀子），时人尊称“荀卿”，就是大家最熟知的例子。

称呼对方配偶也有类似的做法。古代天子的妃子称“后”，诸侯的配偶称“夫人”，大夫的配偶称“孺人”，士的配偶称“妇人”，庶人的配偶称“妻”。时下，人们常常把对方的配偶称为“夫人”，也是从古代沿袭而来的敬称。此外，“公子”原本指诸侯的庶子，后也用于尊称对方的儿子，而将对方的女儿称为“女公子”。

旧式书信还往往用“台”字来表示尊敬，如“台启”“台端”“台甫”“台安”等。书信中的台，是“三台”的简称，三台是天上的三颗星，古人用来指三公，故也用来当作尊称。

古人行冠礼之后都要取表字，或者还要取雅号。名只有父亲和国君才能叫，所以《仪礼·士冠礼》中说：“冠而字之，敬其名也。”直呼其名被视为不礼貌的表现。进入近代以来，一般人已经很少再取表字或雅号，但在文人圈中依然有之，因此，在与他们通信之前最好先了解一下，以免唐突。

此外，与敬称相呼应，书信中凡涉及对方的事物都要用敬语，如对方的住宅，要称“府”“邸”，或者称“潭府”，“潭”是深的意思，潭府，意为深宅大府，是对对方住宅的美称，故信末又往往用“潭安”来表示阖府皆安的祝愿。如果对方有所馈赠，感谢时可称厚赐、厚赠等，以表示看重这份情谊。对不同的事物要用不同的美称，如果是对方来信，可以称“大函”“大翰”“惠示”“大示”“手示”“大教”；如果是诗文著述，则可称“华章”“瑶章”；如果是宴请，则要称“盛宴”“赐宴”等。

书信中一般不要出现你、我、他之类的代词，这也是简慢或者缺乏文采的表现，凡是遇到类似的情况，应该酌情处理。如提及对方时，可以用“阁下”“仁兄”“先生”等代替；提及自己时，可以用“在下”“小弟”等代替；提及第三方时，一般可以用“彼”或者“渠”表示，“渠”当第三人称用，始见于《三国志·吴志·赵达传》：“女婿昨来，必是渠所窃。”

二、谦称

谦称是与敬称相对的称谓，一般用于自己或者自己一方。对他人用敬称，对自己用谦称，是中国人的传统。从先前文献可以知道，当时的贵族都有特定的谦称，如《老子》三十九章中所言：“故贵以贱为本，高以下为基。是以侯王自谓孤、寡不穀。此非以贱为本耶?”“孤”和“寡”都是少的意思，王侯称孤道寡，是谦称自己德行浅少；“穀”是善的意思，“不穀”犹言不善。“不穀”和“孤”“寡”意思相并列，用来比喻人没有德行，所以绝后。古代王侯以此自警、自谦。《礼记·曲礼》中说，诸侯的夫人在天子面前自称“老妇”，在别国诸侯面前自称“寡小君”，在丈夫面前自称“小童”。

古人每每用“臣妾”作为谦称。古代有“男曰臣，女曰妾”之语，“臣妾”的本义，犹后世言奴才。司马迁在他的《报任安书》中自称“仆”“牛马走”。仆也是“奴仆”的意思，日本人至今还用“仆”作为第一人称的谦称。“牛马走”，意思是“像牛马一样供驱使奔走的人”。与此相类似的用法，是谦称自己的儿子为“犬子”“贱息”等。

对自己的父母固然要敬重，但在与他人提及自己的家人时，就不能用敬称，而要用谦称，一般是在称谓之前加一“家”字，如称自己的父亲为“家父”“家君”“家严”；称自己的母亲为“家母”“家慈”。如果父母已经去世，则对人要称“先父”“先大人”“先母”。同样，对他人称呼自家的其他亲戚，也都要加一“家”字，如“家伯”“家伯母”“家叔”“家伯母”“家兄”“家嫂”；对比自己年龄小的，则可以称“舍弟”“舍妹”等。自称或者用“愚”字，如“愚弟”。

对他人称呼自己的妻子，一定要用谦称，如“内人”“内子”“拙荆”；或者用平称“爱人”“太太”。常常听到有人向对方介绍自己的妻子时说：“这是我的夫人。”这是非常失礼的说法，如前所说，诸侯的原配才能称为“夫人”。普通人相交，称对方配偶为夫人，略有恭维的意思。称自己的配偶为夫人，就显得自大，或者是无知。

如果向对方有所馈赠，则要用谦语，如“菲仪”“芹献”“寸志”等，意思是说自己的东西微薄、不值钱，不过是借以表示小小的心意。希望对方收下礼物，则要说恳请笑纳，意思是让对方见笑了。

三、提称语

书信一定要用称谓，首先要分清是父母、尊长，还是老师、朋友。称谓之后，一般要缀以对应的词语来表达敬意，例如前面提到的“台端”“台甫”，等等，这类词语称为提称语。

提称语与称谓有对应的关系，其中有些可以通用，但大部分都有特定的使用对象。其中比较常见的有：

用于父母：膝下、膝前、尊前、道鉴。

用于长辈：几前、尊前、尊鉴、赐鉴、尊右、道鉴。

用于师长：函丈、坛席、讲座、尊鉴、道席、撰席、史席。

用于平辈：足下、阁下、台鉴、大鉴、惠鉴。

用于同学：砚右、文几、台鉴。

用于晚辈：如晤、如面、如握、青览。

用于女性：慧鉴、妆鉴、芳鉴、淑鉴。

给父母写信，“膝下”一词用得最多，源出于《孝经·圣治》：“故亲生之膝下，以养父母日严。”是说人幼年时，时时依于父母膝旁，后来转为对父母的尊称。

“函丈”源出于《礼记·曲礼上》，向尊长请教时，要“席间函丈”，意思是说，彼此的席位之间要空出一丈左右的地方，以便尊长有所指画，故用作对老师的尊称。

提称语可以用几个词叠加使用，如毛泽东致其师符定一（字宇澄）称：“宇澄先生夫子道席”，以表示尊敬之意。

四、思慕语

书信的功能之一是沟通彼此的情感，因此，在提称语之后不直接进入正文，而是要用简练的文句述说对对方的思念或者仰慕之情，这类文句称为思慕语。

思慕语中使用最多的，是从时令、气候切入来倾吐思念之情。敦煌文书中有一件《十二月相辩文》，列举每月不同的气候状况下，可供选用的词语，如正月初春可以说：“孟春犹寒，分心两处，相忆缠怀，思念往还，恨无交密。”二月仲春可以说：“仲春渐暄，离心抱恨，慰意无由，结友缠怀，恒生恋想”，等等。由于有了意境的描述，读之令人倍感亲切。

后世书信的思慕语相当丰富，不胜枚举，比较常用的如：

云天在望，心切意驰。

相思之切，与日俱增。

望风怀想，时切依依。

仰望山斗，向往犹深。

风雨晦明，时殷企念。

瘦影当窗，怀人倍切。

还有一类思慕语是从回忆上次见面的时间及其思念切入的，如：

不睹芝仪，瞬又半载。

自违芳仪，荏苒数月。

久违大教，想起居佳胜，定符私祈。

久疏问候，伏念宝眷平安、阖府康旺。

思慕语十分丰富，大家可以在阅读书信范文时留心摘录，以供自己习用。最好是提高文学修养，用自己的语言来描述真实的情感。

五、书信中的平和阙

我们先来看一封儿子致父母的家信：

父母亲大人膝下，谨禀者：男离家后，一路顺利，平安抵达学校，可纾

廑念，惟思

双亲年齿已高，男在千里之外，有缺孺子之职。伏望

训令弟妹，俾知料理家务，或有以补乃兄之过。王阿姨家已去看望过，家中老幼平安，嘱笔问好。专此谨禀，恭请

福安，男××谨禀某月某日

信的开头，“父母亲大人膝下”应顶格书写，下文大多还没有写到头就另起一行再写，这是什么意思呢？原来，古人但凡在书信正文中提及自己的父母祖先，以及他们的行为时，在书写方式上一定要有所变化，以表示尊敬。书信的第一行要顶格，高出下面的叙述性文字一格，称为“双抬”。正文中凡是提及高祖、曾祖、双亲等字样，或者慈颜、尊体、起居、桑梓、坟茔等与之相关的字样时，可以有两种处理方法：一种叫“平抬”，就是另起一行，与上一行的开头齐平着再书写；另一种叫“挪抬”，就是

空两格或者一格书写。在上面所列举的这封信件中，凡涉及父母亲的词语如廑念（犹言挂念）、双亲、训令、福安等，都采取平抬的方式。这种方式在唐代就已经出现，敦煌文书中将“平抬”称为“平”，“挪抬”称为“阙”。近代以后，传统书信中采用“平抬”方式的书信逐渐减少，“挪抬”则依然普遍使用，今日我国港台地区、韩国、日本文人写信时还常常用“抬”表示敬意。

六、师生之间的称谓

学生称呼老师，最普遍的是“夫子”“函丈”。以“夫子”称呼老师可以追溯到孔子，故后世用来作为对老师的尊称。

学生自称“生”“受业”。《诗经》中就有把读书人称为“生”的，《诗经·小雅·常棣》中说“虽有兄弟，不如友生。”《史记·儒林列传》中记载：“言礼自鲁高堂生。”西汉以后，“生”成为读书人的统称。在实际使用上，老师称呼弟子为“张生”“李生”；学生也自称“生”“小生”。

“业”字的本义是“木板”，古时老师授课，将要讲的篇章写在“业”上，《礼记·曲礼》中说“请业则起”，意思是说向老师请教问题要起身，因此，学生称老师为“业师”，学生自称“受业”。

一般来说，只要同一时期、在同一学校生活过的老师和学生，就可以有师生的名分。老师如何称呼学生，要看彼此有无直接的授受关系。如果对方是自己正式的学生，并向他传授过学业，可以称之为“弟”。这里的“弟”是“弟子”的意思，与“兄弟”的弟无关，古代师生称“师弟”，学生如若见到老师这样称呼，千万不要误解。如果彼此虽有师生名分，但没有授过课，则老师一般称学生为“兄”。例如，胡适曾任北京大学校长，顾颉刚是北大的学生，彼此有师生的情谊，所以胡适在给顾颉刚的书信中称之为“兄”；再如大家都熟知的，鲁迅给许广平的第一封信中称“广平兄”，许广平不解其意，回信表示不敢与鲁迅兄弟相称，其实鲁迅并没有称兄道弟的意思，“兄”不过是老师对学生辈的最普通的称呼罢了。

老师给学生的书信，落款一般只写自己的名字。同学之间的称呼，则可视进入师门的先后，以“学长”“学弟”“学妹”，或者“师兄”“师弟”“师妹”相称。书信往来时，也有用比较稚气的叫法，称“砚兄”之类的。

七、祝愿语及署名敬词

两人见面后，即将分别之时，应该互道珍重。这一礼节在书信中，就是祝愿语和署名启禀词。

由于辈分、性别、职业的差别，祝愿词也有比较严格的区别，比较常用的有：

用于父母：恭请、福安、叩请、金安、敬叩。

用于长辈：恭请、崇安、敬请、福祉、敬颂。

用于师长：敬请、教安、敬请、教祺、敬颂。

用于平辈：顺祝、时绥、即问、近安、敬祝。

用于同学：即颂、文祺、顺颂、台安、恭候。

用于女性：敬颂、绣安、即祝、壸安、恭请。

祝愿词的主题，是希望对方幸福、平安。上面列举的祝愿词中，“禔”“祉”“祺”等都是“福”的同义词；“绥”也是“平安”的意思。明白这一点，就可以视需要选择、搭配使用了。

需要指出的是，使用祝愿词时切不可混淆对方的身份，如“绣安”“壸安”“懿安”是专用于女性的祝愿词，如果用到了男性的身上，就贻笑大方了。此外，祝愿词中的某些字比较古奥，要弄清楚字义后再使用，例如“壸（kǔn）”字的本义是指“宫中的道路”，后引申为“后妃居住的地方”，故借用为对女性的尊称。壸字与茶壶的“壶”字很相像，有人将“壸安”写成“壶安”，就不对了。

旧式书信在落款之后，一般还要根据彼此关系写敬词（或称启禀词），例如：对长辈：“叩禀”“敬叩”“拜上”；对平辈：“谨启”“鞠启”“手书”。对晚辈：“字”“示”“白”“谕”。叩是“叩首”，即磕头，这是礼仪书面化的表现。磕头的礼节早已废止，但在书信中也还见使用，这不过是借以表达敬意的一种方式罢了，不必过于拘泥字义。

八、信封用语

在纸张发明以前，古人用帛或竹简、木板作为书写材料，故书信又称书简、尺牍。在今天的书信用语中，还残留着早期书简的专门用语，需要先做一些介绍。

所谓“牍”，就是将树木锯成段后剖成的薄片。在牍上写信后，为了保密，用另一块木板覆盖在上面，称为“检”；在检上书写收件人的姓名、地址，称为“署”。用绳子将牍和检一并捆扎，再打上结，称为“缄”，缄是“封”的意思。如果是用竹简写信，简数较多，就盛在囊中，用绳子扎口。为了保密，在绳结处用泥封住，上面加盖印章作为凭记。

信封的书写也有很多讲究，要体现出自谦而敬人的原则。书写收信人的称谓，除了一定要用尊称之外，至少还有两种表示尊敬的用法：第一，在收信人姓名、称谓之后用“俯启”“赐启”等用语，表示请求对方开启信封。俯启，有显示对方高大，必须俯下身子来接信的意思。赐启，是请对方赏光、恩赐启封。第二，使用“某某先生将命”之类的用语。古人每每用陛下、殿下之类的词语来表示不敢与对方平起平坐，而只能与对方站在丹陛、大殿之下的执事者对话，请他们传话。类似的意思表现在信封上，就有了“将命”“将命考”等用语。将命，是指古代士大夫家中为主人传话的人。在信封上写收信人的将命者收，是表示不敢让对方直接收信，而只能将信交由传命者转呈，这是一种自谦的表达方式。将命考是传命者的副手，让将命考转呈，则是谦中尤谦的表示了。

与上述表达方式相似的还有“某某先生　茶童收”“某某先生　书童收”，等等，意思都一样，写信者明知对方并没有将命考、茶童、书童之类的仆人，如此书写，一则是借此表示敬意，二则也可以为书信增添一些雅趣。

第二节　现代书信礼仪

现代书信越来越被电子邮件、手机短信和微信所取代。纸质书信越来越被大家遗忘。不过无论是书信还是电子邮件，最基本的书信礼仪还是不能遗忘。现代书信的格式由称谓、正文、敬语、落款及时间四部分组成。

称谓：应在第一行顶格写，后加冒号，以示尊敬。称谓应遵循长幼有序、礼貌待人的原则，选择得体的称呼。

正文是信函的主体，可根据对象和所述内容的不同，灵活地采用不同的文笔和风格，同时应注意以下四点：

（1）问候语。问候语要单独成行，以示礼貌。如“您好”“近好”等。

（2）先询问对方近况或谈与对方有关的情况，以示重视和关切。

（3）回答对方的问题或谈自己的事情和打算。

（4）简短地写出自己的希望、意愿或再联系之事。

敬语：是指写信人在书信结束时向对方表达祝愿、勉慰之情的短语。多用“此致”“即颂”“顺祝”等词紧接正文末尾。下一行顶格处，用“敬礼”“安康”等词与前面呼应。

落款及时间：在信文的最后，写上写信人的姓名和写信日期。署名应写在敬语后另起一行靠右的位置。一般写给领导或不太熟悉的人时，要署上全名以示庄重、严肃；

如果写给亲朋好友，可只写名而不写姓；署名后面可酌情加启禀词，对长辈用“奉”“拜上”，对同辈用“谨启”“上”，对晚辈用“字”“白”“谕”等词。

信封上应依次写上收信人的邮政编码、地址、姓名及寄信人的地址、姓名和邮政编码。

邮政编码要填写在信封左上方的方格内，收信人的地址要写得详细无误，字迹要工整清晰。发给机关、团体或单位的信，要先写地址，再写单位名称。收信人的姓名应写在信封的中间，字体要略大一些。在姓名后空二三字处写上“同志”“先生”“女士”等称呼，后加“收”“启”“鉴”等字。

寄信人地址、姓名要写在信封下方靠右的位置，并尽量写得详细周全一些。最后填写好寄信人的邮政编码。

由以上可见，现代书信中虽然在格式上力求简洁，但是仍然继承和保持了传统书信中的一些基本礼仪，也就是十分注重对对方的尊重。不过，现代书信礼仪简洁明快，却略显单一，缺乏传统书信中的人伦亲情。

典型案例

评论：书信与文雅

近日，北京师范大学的檀作文教授在微博上感慨道：“现在的大学生，用邮件给老师发论文，往往就光秃秃一附件；给老师发短信，连抬头和落款都没有。大学教育沦落到这个地步，谁之罪？”

书信本身所具有的私密性和现代通信方式的变革使书信正逐渐淡出人们的视野。去年中国的拇指一族一共发送了 2 000 多亿条短信，几千万人拇指翻飞，但又有多少人能想起写封家信？

好在电子邮件还在为书信续命。然而，电子邮件也似乎又变了味，书信之雅正在被弱化。

语言本身是文化的载体，我们每一个人在孩提时代，学习语言的同时就被纳入了一个文化系统中，其烙印伴随一生，远不是后天习得的外语可以相提并论的。人们至今还会用言语来判断一个人的教养。在日本，一个人高雅的谈吐会在求职道路上给他加分不少，只因日语中的敬语非常复杂，能熟练运用敬语意味着他所受教育的不俗。一个人说什么，怎么说，看上去是一个日常习惯的小问题，实际上是文化的大问题。

“仓廪实而知礼节”，中国一向自诩为千年“礼仪之邦”。作为书信“传承品”的电子邮件，是不是也应该继承一部分书信的“雅”的基因呢？

（资料来源：《广州日报》，2013-4-25。）

阅后思考

1. 你认为，作为现在的电子邮件，应不应该继承一部分书信的“雅”的基因呢？

2. 试着为你的父母写一封家信，并邮寄给你的父母。

经典文本

◎鲁迅致母亲

母亲大人膝下，敬禀者，日前寄上海婴照片一张，想已收到。小包一个，今天收到了。酱鸭、酱肉，昨起白花，蒸过之后，味仍不坏；只有鸡腰是不能吃了。其余的东西，都好的。下午已分了一份给老三去。但其中的一种粉，无人认识，亦不知吃法，下次信中，乞示知。上海一向很暖，昨天发风，才冷了起来，但房中亦尚有五十余度。寓内大小俱安，请勿念为要。海婴有几句话，写在另一张纸上，今附呈。

专此布达，恭请

金安。

男　树叩上　广平及海婴同叩

一月十六日

◎ 毛泽东致老师符定一（宇澄）先生：

宇澄先生夫子道席：

既接光仪，又获手示，诲谕勤勤，感且不尽。德芳返平，托致微物，尚祈哂纳。世局多故，至希为国自珍。

肃此。敬颂

教安。不具。

受业　毛泽东

◎ 曾国藩致儿子曾纪鸿：

字谕纪鸿：自尔还乡启行后，久未接尔来禀，殊不放心。今日天气奇热，尔在途次平安否？

余在金陵与阮叔相聚二十五日，二十日等舟还皖，体中尚适。余与阮叔蒙恩晋封侯伯，门户太盛，深为祗惧。尔在省以谦、敬二字为主，事事请问意臣、芝生两姻叔，断不可送条子，致腾物议。十六日出闱，十七八拜客，十九日即可回家。九月初在家听榜信后，再启程来署可也。择交是第一要事，须择志趣远大者。此嘱。（涤生手示）

拓展阅读

书信礼仪

我国的书信是一门独特的文化，在漫长的历史过程中，先辈留下了许多脍炙人口的作品，如李斯的《谏逐客书》，司马迁的《报任安书》，李密的《陈情表》等。

在纸张发明以前，古人用帛、竹简、木板做书写工具。《尚书》中说："惟殷先人，有典有册"，甲骨文里已经有"册"字，像用两根绳子把竹片编联在一起的样子，只是竹简容易腐烂，所以没有保存下来。古人在竹简上写信，所以就有了书简的叫法；也有写在木板上的，称做"牍"；还有写在"素"，就是未经染色的生丝织物上的。由于

“牍”和“素”的长度都是一尺左右，所以书信又称“尺牍”或者“尺素”。

古诗词里面经常把书信称做“鱼雁”，这是什么道理？鱼在水中往复游动，鸿雁秋去春来，所以，古人就把鱼和雁比喻为传递书信的使者。唐代诗人王昌龄有诗云：“手携双鲤鱼，目送千里雁”，就是非常典型的描述。

汉乐府《饮马长城窟行》的主题是闺妇思念久别的丈夫，诗中说，某日，忽然有远方客人捎来丈夫的信：“客从远方来，遗我双鲤鱼。呼儿烹鲤鱼，中有尺素书。长跪读素书，书中竟何如？上言加餐食，下言长相忆。”古人寄送的书信藏在做成鱼形的两块木板当中，故称“双鲤鱼”。妇人匆忙呼唤孩子打开书信，诗人打趣地把取出书信说成是“烹鱼”。女人赶紧直起身子，“长跪读素书”，信里说什么呢？前面叮嘱她多多加餐进食，后面说一直在想念着她。诗里的“尺素书”“素书”都是指书信。同样，人们也把书信称为“飞鸿”“鸿书”。

先秦两汉的书信还没有形成严谨的格式。到了魏晋时期，书信的写法形成了比较通行的结构，一般包括称谓语、提称语、思慕语、正文、祝愿语、署名等几个部分。

书信的开头是称谓，但只有称谓还不足以表达我们的敬意，所以称谓之后一般要加上相应的词语，这类词语称做“提称语”。提称语有提示写信人与收信人之间关系的意义，所以它与称谓有对应关系，但有的提称语可以灵活使用。比较常用的提称语如下：

用于父母：膝下、膝前、慈鉴、尊前。

用于长辈：几前、尊前、尊鉴、钧鉴、俯鉴。

用于师长：函丈、坛席、讲座、尊鉴、道席、撰席、史席。

用于平辈：阁下、台鉴、大鉴、足下、执事、左右。

用于同学：砚右、文几、台鉴。

用于晚辈：如晤、如面、如握、青及。

用于女性：妆次、妆阁、惠览、雅鉴。

给父母写信，“膝下”一词用得最多，源自《孝经》的“故亲生之膝下，以养父母日严。”是说人幼年时，时时围绕在父母膝旁，人们常有“儿孙绕膝”的说法。儿女的年龄再大，在父母面前也是晚辈，所以，给父母写信，把“膝下”一词转化为对父母的尊称。“慈鉴”，古人有严父慈母之说，所以对他人称父亲为“家严”、母亲为“家慈”，给母亲写信就用“慈鉴”。

对长辈用的“几前”的“几”，不是指茶几。古代席地而坐，坐久了很累，所以，尊长坐着的时候，左右两侧各有一个供他们凭倚的器具，样子有点儿像后世椅子的扶手，这种器具叫做“几”。

提称语中的“道”字也用得很多。古人以追求道作为毕生的志向，孔子说：“朝闻道，夕死可矣”。所以用“道兄”“有道”彼此相称。“道席”“道鉴”等都含有视对方为得道之人的意思。

“函丈”一词，出于《礼记·曲礼上》，学生向尊长请教时，要“席间函丈”，意思是说，彼此的席位之间的距离，大约可以容纳一根手杖，以便给尊长有所指画时留下空间；后人用“函丈”作为对老师的尊称。

“台”字在传统书信中用得很多，也是表示敬意的用字。古人认为天上的三台星是辅佐天帝的重要星座，所以用“台端”“兄台”等词，都含有将对方比作三台星的意思。需要提醒的是，在汉字当中，“台”与“臺”原本是两个字，后来推行简化汉字，将这两个字合并为一个“台”字。所以，有些人把“台”看作“臺”的简体字。这些年，繁体字开始引起一些人的兴趣，处处刻意把简体字改为繁体字。浙江有个台州，这里的“台”字要念成 tāi，有人把台州写成臺州，就弄巧成拙了。书信里表敬用的“台”字，千万不要写成“臺”字。

“慧鉴”“妆鉴”“芳鉴”“淑鉴”，都是用于女性的特殊的提示语，千万不可以用于男性，以免闹出笑话来。

提示语之后，接着要用简练的文句描述对收信人的思念或者仰慕之情，以加深双方在情感上的交流与沟通，这类文句称为“思慕语”。一般来说，思慕语可以从以下两种角度切入。

一是从时令、气候、环境等切入，引出自己的情感世界，不论何时何地，都在深深地思念对方。历代文人书信的思慕语相当丰富，令人目不暇接。

例如，正月初春可以说：“孟春犹寒，分心两处，相忆缠怀，思念往还，恨无交密。”二月仲春可以说：“仲春渐暄，离心抱恨，慰意无由，结友缠怀，恒生恋想。”

二是从回忆上次见面的时间切入，如：“不睹芝仪，瞬又半载。自违芳仪，荏苒数月。”“久违大教，想起居佳胜，定符私祈。”“久疏问候，伏念宝眷平安，阖府康旺。”

此外，在书信里提到对方的时候，要赞扬他的仪容，人们常用“光仪”一词来描述对方光彩照人的容貌，用“芳仪”一词来描述女性优雅的仪态。此外，还常常用“芝仪”一词来形容对方德行高尚。这里的“芝”，不是“芝兰”或者“灵芝”的省称，而是指唐人元德秀。这里有一个典故，需要特别提出来说说。元德秀，字紫芝，事母至孝，善文辞，为官清廉，德行高尚。《新唐书·元德秀传》记载，有人赞扬他“人情所耽溺、喜爱、可恶者，大夫无之。生六十年未尝识女色、视锦绣，未尝求足、无苟辞、佚色，未尝有十亩之地、十尺之舍、十岁之僮，未尝完布帛而衣，具五味之餐。”肃宗朝房宰相见到元德秀后非常感慨地说：“见紫芝眉宇，使人名利之心都尽。”后人便把“芝宇”作为书信的敬辞。思慕语之后就是正文部分了，正文是书信的实质性内容，具体怎样写，就由写信人自己决定了。书信正文结束后，不能直接落款，要先写祝愿语，这好比两人见了面，行将分别之际要互道珍重。由于辈分、性别、职业的差别，书信里的祝愿词也有比较严格的区别，比较常用的有：

用于父母：恭请、福安、叩请、金安、敬叩。

用于长辈：恭请、崇安、敬请、福祉、敬颂。

用于师长：敬请、教安、敬请、教祺、敬颂。

用于平辈：顺祝、时绥、即问、近安、敬祝。

用于同学：即颂、文祺、顺颂、台安、恭候。

用于女性：敬颂、绣安、即祝、臺安、恭请。

祝愿词非常多，许多人看了觉得头晕目眩，无法驾驭。其实，这里面有一定的规律，只要掌握了，就可以运用自如。大家要记住，祝愿词的主题，归根到底是希望对方幸福、平安、健康、吉祥。上面列举的祝愿词几乎都没有超出这个范围，比如“祉”“祺”等都是福的同义词；“绥”是平安的意思，也可以直接用“安”字，我们列举的“金安”“近安”“教安”，都是实例。明白了这些道理，就可以视需要选择搭配使用，并且可以交替使用，使表达方式多样化，避免一成不变。

祝愿词写完了，就是落款。

传统书信的落款大有讲究，一般需要在自己的名字之前注明身份，如儿、女、学生、私淑等，这样还不够，还要根据彼此的关系再缀上“启禀词”。

对长辈：叩禀、敬叩、拜上。

对平辈：谨启、鞠启、手书。

叩是叩首，就是平常说的磕头，这是日常礼仪书面化的表现。磕头的礼节早已废止，但在书信中也还见使用，这不过是借以表达敬意的一种方式罢了，不必过于拘泥字义。师长对晚辈，可以用“某某字”“某某示”“某某白”“某某手启”表示。

（资料来源：彭林：《书信礼仪》，载《新湘评论》，2012（24）：49－50。）

参考文献

1. 孙希旦．十三经清人注疏·礼记集解．北京：中华书局，1989.
2. 诗经．王秀梅译注．北京：中华书局，2015.
3. 孟子．北京：中华书局，2015.
4. 荀子．北京：中华书局，2015.
5. 班固．汉书．颜师古注．北京：中华书局，1962.
6. 论语．北京：中华书局，2015.
7. 杨伯峻．春秋左传注．北京：中华书局，2009.
8. 司马迁．史记．北京：中华书局，2014.
9. 颜之推．颜氏家训．檀作文注．北京：中华书局，2011.
10. 仪礼．彭林译．北京：中华书局，2012.
11. 国语．陈桐生注．北京：中华书局，2013.
12. 周礼．徐正英，常佩雨译注．北京：中华书局，2014.
13. 完颜绍元．千秋教化．福州：福建人民出版社，2004.
14. 欧阳修．新唐书．北京：中华书局，1975.
15. 富察敦崇．燕京岁时记．北京：中华书局，1961.
16. 俞平伯．唐诗鉴赏辞典．上海：上海辞书出版社，2013.
17. 本田成之．中国经学史．孙俍工译．上海：上海书店出版社，2011.
18. 钱穆．国史大纲（上册）．北京：商务印书馆，1996.
19. 许慎．说文解字．北京：中华书局，2013.
20. 彭林．中国古代礼仪文明．北京：中华书局，2013.
21. 顾希佳．礼仪与中国文化．北京：人民出版社，2001.
22. 尚书．王世舜，王翠叶译注．北京：中华书局，2012.
23. 柳诒徵．中华文化史．北京：中华书局，2015.

图书在版编目（CIP）数据

中华传统礼仪/贺璋瑢，王海云主编．—北京：中国人民大学出版社，2016.7
（国学教养教育丛书）
ISBN 978 7 300 23050 4

Ⅰ.①中… Ⅱ.①贺… ②王… Ⅲ.①礼仪—中国 Ⅳ.①K892.26

中国版本图书馆 CIP 数据核字（2016）第 145820 号

国学教养教育丛书
丛书主编　宋　婕
中华传统礼仪
主编　贺璋瑢　王海云
Zhonghua Chuantong Liyi

出版发行	中国人民大学出版社		
社　　址	北京中关村大街 31 号	**邮政编码**	100080
电　　话	010－62511242（总编室）		010－62511770（质管部）
	010－82501766（邮购部）		010－62514148（门市部）
	010－62515195（发行公司）		010－62515275（盗版举报）
网　　址	http://www.crup.com.cn		
	http://www.ttrnet.com(人大教研网)		
经　　销	新华书店		
印　　刷	北京昌联印刷有限公司		
规　　格	185 mm×260 mm　16 开本	**版　　次**	2016 年 7 月第 1 版
印　　张	8.5	**印　　次**	2022 年 8 月第 5 次印刷
字　　数	156 000	**定　　价**	25.00 元